DR. MED. SUSANNE HOFME

WO
STEHE ICH UND WO GEHT'S JETZT
HIN

WIE SIE DEN **ROTEN FADEN**
IM LEBEN FINDEN

DER BLICK ZURÜCK – ALTE MUSTER NEU ENTDECKT 34

DEN SINN IM LEBEN FINDEN ODER MEIN LEITMOTIV VERWIRKLICHEN 82

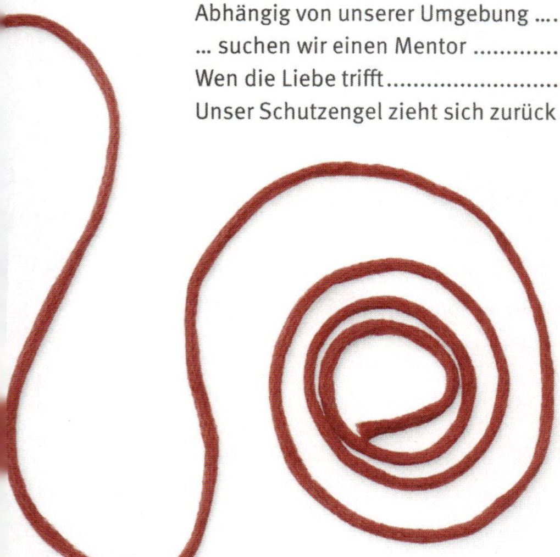

DER BLICK NACH VORNE: DER LEBENSFADEN WIRD WEITERGESPONNEN 160

DEM ROTEN FADEN DES LEBENS AUF DER SPUR

Es steht eine wichtige Entscheidung an und Sie überlegen, ob Sie Ihrem Leben wirklich eine neue Richtung geben wollen? Oder Sie stecken in einer Krise und fragen sich, ob das Leben einen Sinn hat und wie Sie überhaupt bis zu diesem dunklen Punkt kommen konnten? Oder Sie möchten einfach nur die Menschen in Ihrer Umgebung besser verstehen lernen? All das könnte der Ausgangspunkt einer Beschäftigung mit der Biografiearbeit sein.

Ich stelle Ihnen in diesem Buch das Leben als ein Haus vor und möchte Ihnen zeigen, dass Sie selbst sein Architekt sind, wenn es um den Umbau des Bestehenden oder um Aus- und Neubaufragen geht. Es soll Ihr eigenes persönliches, individuelles Haus werden – kein Reihenmittelhaus, oder? Das Erdgeschoss haben unsere Eltern für uns mit gebaut: Kindheit, Schulzeit, Jugend heißen seine drei Räume. In dem Teppich der Bedingungen und Ereignisse aus dieser Zeit gilt es, den eigenen Faden zu entdecken. Eine Freitreppe führt vom Erdgeschoss in den ersten Stock mit seinen drei Seelenräumen: Empfindungsseele, Verstandesseele und Bewusstseinsseele.

In welchem Alter sind Sie gerade? Vielleicht stehen Sie genau in der Mitte Ihres Lebens, und fragen sich, wie es denn jetzt weitergehen soll – wie Sie eigentlich hierher gekommen sind. Gibt es ihn, den Sinn im eigenen Leben? Die Beschäftigung mit der Biografiearbeit wird Ihnen in jedem Fall die allgemein übliche, einseitige und oft negative Sicht aufs Älterwerden nehmen. Denn wenn Sie durch die Biografiearbeit erleben, dass Sie erst jetzt alle notwendigen Baumaterialien zur Verfügung haben, um Ihr ganz eigenes Dachgeschoss der Lebensverwirklichung auszubauen, werden ein neuer Lebensschwung und Enthusiasmus Sie leiten – jenseits des numerischen Alters und des Mainstreams.

Biografiearbeit ist eine Methode, die das Leben in seinem zeitlichen Verlauf betrachtet. Dabei werden die einzelnen Lebensabschnitte – nach Jahrsiebten geteilt – in ihrer Aufgabe für das Leben beschrieben. In der Biografiearbeit schauen wir auf unsere Vergangenheit. Schon beim Lesen der Beschreibung zu den einzelnen Jahrsiebten beginnt die innere Bewegung: Wo erkenne ich mich wieder, was verstehe ich neu, wo war es bei mir ganz anders? In meiner langjährigen Erfahrung aus Einzelgesprächen in der Praxis, Schilderungen in meinen Seminaren und Fortbildungen und in meinem eigenen Leben durfte ich erfahren, dass die Biografiearbeit für jeden, der Interesse an seinem Leben hat, eine persönliche Bereicherung sein kann. Um Ihnen das zu vermitteln und auch um Ihre eigene Erinnerung anzustoßen, finden Sie viele Beispiele (im Text kursiv gesetzt) aus meinem eigenen Leben oder aus dem Leben meiner Klienten, bei denen zwar die Namen verändert sind, die sich aber alle so abgespielt haben. Mit der Zeit bekommen Sie ein Gespür für das Leben im Allgemeinen und für Ihren eigenen Lebensverlauf im Besonderen. Die Gesetzmäßigkeiten, die vorgestellt werden, vermitteln Orientierung, Halt, Sicherheit und ein erstes Gefühl der Sinnhaftigkeit: »Es ist also alles richtig so, wie es verlaufen ist.« Wenn Sie diesen Gedanken wirklich fühlen, kann etwas in Ihnen zu fließen beginnen, das vielleicht vorher stagniert hat. Jetzt sind Sie an der Quelle Ihrer Kraft! Wie der Fluss in seinem Bett gehalten wird und dabei frei fließt, können Sie sich von nun an eine eigene, freiere Entwicklung zutrauen. Sie glauben jetzt neu an sich, an Ihr Ich und Ihre Mission. Das wünsche ich Ihnen von Herzen!

Ihre Susanne Hofmeister

Lebe ich mein Leben
selbst oder werde
ich gelebt?

»In welchem Moment und bei welcher Tätigkeit Ihres Alltags waren Sie das letzte Mal glücklich?«, so lautet eine der ersten Fragen in der psychotherapeutischen Begleitung durch eine Lebenskrise. Oft müssen wir lange überlegen, ehe uns eine Antwort einfällt. Danach werden wir nachdenklich, wenn das Erlebnis, an das wir uns erinnern, entweder schon sehr lange her ist oder aber mit unserem täglichen Leben überhaupt nichts zu tun hat. Ja, und dann fällt uns noch ein, dass wir als Kinder oder Jugendliche eine genaue Vorstellung von unserem Leben gehabt haben. Wann haben wir den Anschluss an uns und unseren Lebensfaden verloren?

WARUM DER ROTE FADEN SO SCHWER ZU FINDEN IST

Unser Leben verläuft bis zu unserer Lebensmitte ohne großes Nachdenken, ganz nach Plan. Dem Beginn des erwachsenen Lebens haben wir mit dem Auszug aus dem Elternhaus und der Wahl unseres Berufs eine Richtung gegeben. Über unsere Vergangenheit haben wir nie länger nachgedacht, wichtig war nur, dass wir endlich selbstständig werden wollten. Je nach Temperament schienen die Ziele klar gesteckt. Mit dem Finden unseres Lebenspartners und der Familiengründung haben wir die Fahrt und die Richtung besiegelt. Und natürlich wollten wir viel, trauten uns eine Menge zu und dachten, unsere Kräfte seien ohne Ende. Wir waren getragen von dem Lebensgefühl, dass alles machbar und erreichbar ist.

Mein Leben als unvollendetes Strickwerk

Manchmal scheint mein Leben einem meiner unvollendeten Strickwerke zu ähneln. Ich habe es mit vielen guten Vorsätzen nach einer mitgelieferten Anleitung begonnen. Meine Eltern, meine Großmutter, meine Schwester, später meine Lehrer, meine Freundinnen und Freunde und noch einige andere Menschen haben mein Zopfmuster in seinem Verlauf, in seiner Farbwahl und Fadendicke deutlich mitgeprägt. Dann endlich konnte ich die Nadeln selbst in die Hand nehmen. Zuallererst wechselte ich die Nadeldicke von klein auf groß: ein weites, freies, großzügiges Leben sollte das werden! Auch die Anleitung warf ich weg: Ich stricke doch mein Leben nicht nach fremder Anleitung! Das Lebensstricken machte mir großen Spaß! Beinahe spielerisch entfalteten sich die Muster, gesellten sich neue Fäden dazu, veränderte sich der Farbton. Aber irgendwann begann, zunächst noch unbemerkt, der Fadensalat.

Folgende Fragen tauchen im Alter zwischen 35 und 40 Jahren erstmals in uns auf: »Bin ich am richtigen Platz?« »Mache ich das, was ich will?« »Wofür eigentlich die ganze Anstrengung?« »Soll das Leben jetzt immer so weitergehen?« Vielleicht müssen wir uns sogar eingestehen, dass wir mit Ende zwanzig wichtige private oder berufliche Entscheidungen getroffen haben, die – trotz allem Bemühen – nicht mehr tragfähig sind.

Aus Strickwerk wird Flickwerk

Die Fäden wurden immer mehr, sie wechselten die Farben, ließen sich von vielen fremden Händen beeinflussen. Ich begann, den Überblick zu verlieren. Wo war ich denn geblieben? Die Arbeit begann, mich zu überfordern, die Aufgaben waren zu viele und zu schwer. Jetzt merkte ich, dass ich meinen Lebensfaden verloren hatte, auch vom Muster entdeckte ich nichts mehr. Ich verlor erst die Freude, dann die Kraft. Auf einmal sah ich die Löcher in meiner Lebensstrickarbeit. Ich hatte auch Maschen verloren, sogar gerissen waren mir einige Fäden. Ich war am Ende und wollte die Arbeit weglegen. Da raunte mir ein versteckter, ganz dünner und zerschlissener Faden zu. Ganz leise musste ich werden, um ihn zu verstehen.

Prüfungen in der Lebensmitte gehören zum Leben des modernen Menschen dazu. Der Gehirnphysiologe Gerald Hüther berichtet, dass wir in einer Krise an die Wand fahren müssen, ehe wir bereit sind, neue Wege zu probieren. Erst wenn wir mit allen vorhandenen alten Strategien wirklich nicht mehr weiterkommen, ist neues Lernen möglich! Wir können uns die alten, gewohnten Muster in unserem Gehirn wie Autobahnen mit großen Auffahrten vorstellen. Es braucht nur eine gewisse Situation aufzutreten und reaktiv fahren wir auf den entsprechenden Zubringer. Jeder von uns kennt das. Alle Auffahrten müssen blockiert sein, bevor wir jenseits der alten Verhaltensweisen nach neuen Wegen suchen.

Wenn auch das Flickwerk nicht mehr hält

Wir, mein Lebenspartner und ich, ahnten es schon einige Zeit und dachten, wenn wir uns taub stellten oder den Kopf in den Sand steckten – die Arbeitswelt, die Familienpflichten, unsere Ideale, das Freizeit- und Konsumangebot boten viele Möglichkeiten auszuweichen – dann würde die Krise an uns vorüberziehen. Endlich mussten wir erkennen, dass jeder von uns seinen Lebensfaden verloren hatte und es auch kein gemeinsames Muster mehr gab. Die entstandenen Löcher und die zerrissenen Fäden schienen nur noch eine Trennung zuzulassen. Der Schmerz und die Schuldgefühle waren groß, und doch ließ die tiefe Sehnsucht nach Wahrheit und Authentizität kein Flickwerk mehr zu.

Es muss aber nicht immer eine Krise sein. Unser Leben kann auch ganz ruhig und geradlinig dahinplätschern. Eines Tages schauen wir in den Spiegel und fragen uns: »Soll es das gewesen sein?« Oder: »Was ist aus meinen Träumen geworden?«

Es ist Teil des Lebenslaufes, dass wir in der Kindheit unsere Träume noch genau kennen. Dann gehen wir zur Schule, lernen und machen unseren Abschluss. Schon bei der Wahl von Ausbildung oder Studium treten oft praktische Gründe in den Vordergrund. Spätestens als Berufsanfänger sind wir froh, endlich selbstständig zu sein. Im weiteren Verlauf des Buches werden Sie verstehen, warum wir gerade in der Lebensmitte auf die Frage nach unserem roten Lebensfaden gestoßen werden. Diese Frage kann der Einstieg in die Biografiearbeit sein.

BIOGRAFIEARBEIT: WORUM GEHT ES?

In der Biografiearbeit lernen wir, unseren auf Probleme gerichteten Blick in einen lösungsorientierten Blick zu verwandeln. Wir betrachten das Leben in seinem Zusammenhang. Wir bekommen ein Gefühl für unseren roten Lebensfaden. Dies schenkt uns Vertrauen für die Zukunft. Wir nehmen uns in unserem Ich ernst. Wir sind als Menschen lebenslang lern- und damit entwicklungsfähig. Wir dürfen das Älterwerden als Geschenk für unsere seelische Entwicklung begreifen. Wir übernehmen Verantwortung für unser Leben und treten schrittweise aus der passiven Opferrolle in eine aktive Lebensgestaltung. Wir werden zum Regisseur unseres Lebens.
Die Biografiearbeit verbindet uns mit unseren Ressourcen, führt zu mehr Spannkraft und stärkt damit unsere Widerstandskraft und Belastungsfähigkeit. Sie fördert die Selbstwirksamkeit und damit die Fähigkeit zur Selbstregulation, die Voraussetzung von körperlicher, seelischer und geistiger Gesundheit ist. Wir lernen, unser Leben selbst in die Hand zu nehmen. Wir merken, dass die Grundkenntnisse über die Gesetzmäßigkeiten des Lebens uns den Umgang mit unseren Mitmenschen erleichtern. Dieses Wissen hilft jedem, der sein Leben bewusst gestalten und seine sozialen Beziehungen tiefer verstehen möchte.

INFO: WAS SIE MIT BIOGRAFIEARBEIT ERREICHEN KÖNNEN

- Sie können sich wieder mit Ihrem Lebensfaden in Verbindung bringen.
- Sie können der Mission Ihres Lebens auf die Spur kommen. Dabei kann Ihnen die Erkenntnis helfen, dass sich hinter den leidvollen Erfahrungen Ihres Lebens oft das Leitmotiv Ihres Lebens verbirgt.
- Wenn Sie Ihr Leitmotiv kennen, können Sie Ihre Berufswahl neu verstehen und bewusster die Weichen für die berufliche Weiterentwicklung in den nächsten Jahren stellen.
- Sie können Ihre Lebensmittekrise mutig überwinden und zum Regisseur Ihres weiteren Lebens werden.
- Sie können Zuversicht und Vertrauen für die Zukunft bekommen.
- Sie können Ihre Stärken und Ihre Entwicklungsmöglichkeiten kennenlernen und besser nutzen.

Verwurzelt in der Anthroposophie

Rudolf Steiner (1861–1925) ist vor allem durch den Aufbau der Waldorfschulen bekannt geworden. In der von ihm begründeten Anthroposophie nimmt er den Menschen in seiner Einheit aus Leib, Seele und individuellem Geist ernst und beschreibt ihn in seinem lebenslangen Entwicklungspotenzial. Dabei wird das Eingebundensein des Menschen als Mikrokosmos in den ganzen Makrokosmos der Welt berücksichtigt. In Anknüpfung an die Philosophen und Geisteswissenschaftler seiner Zeit versucht Rudolf Steiner, den Menschen als Bürger zweier Welten, nämlich des Himmels – die Welt der Spiritualität – und der Erde – die Welt der Tatsachen –, bis in den Alltag hinein ernst zu nehmen. Das macht Steiner so interessant für den heutigen Menschen, der deutlich spürt, dass Tradition und Herkunft als Urteilsgrundlagen für das eigene Leben nicht mehr ausreichen: Er findet konkrete Verständnishilfen für den kleinen und großen Zusammenhang zwischen Mensch, Welt und Kosmos.

In der Biografiearbeit greift Rudolf Steiner das Wissen aus der Antike um die Wichtigkeit der Lebensjahrsiebte auf und führt es weiter in seiner Bedeutung für eine moderne, selbstbestimmte Lebensgestaltung. Jeder Mensch ist eingebunden in diese allgemeinen Gesetzmäßigkeiten, in deren Rahmen er als Individuum mit seinem schöpferischen Ich seine einmalige Geschichte zu schreiben vermag. Ja, es ist Ihre eigene Geschichte, um die es hier geht! Die allgemeinen Gesetzmäßigkeiten, Spiegelungen und Krisenpunkte des menschlichen Lebenslaufes finden in jedem individuellen Schicksal ihre einmalige »Lebensbühne«.

Die Bedeutung der 7

Die Zahl Sieben scheint sich wie keine andere Zahl durch unser Leben zu ziehen: Ob wir uns im siebten Himmel unserer Liebe befinden oder im verflixten siebten Jahr, nach dem wir dann desillusioniert wieder unsere Siebensachen packen. Der amerikanische Psycholinguist George A. Miller wies in empirischen Versuchen nach, dass wir uns nur sieben Objekte auf einmal merken können. Unser Gehirn verfügt nämlich über exakt sieben Verarbeitungskanäle. Diese genetische Vorgabe sei der Hintergrund, warum mehr als sieben Ziele oder sieben Rollen nicht erfolgreich gelebt werden können. Die Zahl Sieben prägt unseren Alltag auch vom Kosmos aus: So ändert der Mond alle sieben Tage seine Phase – vom Neumond zum Halbmond zum Vollmond und wieder zum Halbmond. Hier hat unsere Siebentagewoche ihren Ursprung. Ein Mondzyklus von viermal sieben gleich 28 Tagen bestimmt den weiblichen Zyklus. Der tiefe Einfluss der Sieben auf den Lebenslauf ist seit der

Antike bekannt. Der berühmte Arzt Hippokrates aus Kos, dessen Eid die Ärzte heute noch schwören, sagte dazu: »So wie der Mond seine Phasen alle sieben Tage ändert, beeinflusst die Sieben alle Dinge, die sich unterhalb des Mondes abspielen. Sie neigt dazu, alle Dinge ins Sein zu bringen. Sie teilt Leben aus und ist die Quelle allen Wechsels.«

Die Physiologie, also die Wissenschaft über alle körperlichen Vorgänge, weiß, dass im menschlichen Körper in sieben Jahren alle Zellen ausgetauscht werden. Wir sind also tatsächlich rein körperlich alle sieben Jahre rundum erneuert. Einerseits schaut uns im Spiegel zwar immer noch der Mensch entgegen, den wir kennen, andererseits ist bis ins Körperliche hinein die Möglichkeit zur Veränderung verankert.

Der griechische Weise Solon war wohl der Erste, der das Leben in Siebenjahresperioden einteilte. Viele von uns kennen auch in ihrem Leben diesen Siebenjahresrhythmus, der uns oft wie eine Häutung zum nächsten Entwicklungsschritt führt. Mit der Biografiearbeit können wir dieses Wissen ganz praktisch für unsere Lebensgestaltung nutzen.

Die neun Jahrsiebte des Lebens

Wir können das Leben bis zum 63. Lebensjahr in 9 Jahrsiebte mit jeweils 3 großen Lebensabschnitten von je 3 mal 7, also 21 Jahren, aufteilen. Im 4. großen Lebensabschnitt nach dem 63. Lebensjahr hat sich passend mit der Pensionierung der familiäre und berufliche »Pflichtteil« des Lebens abgerundet. Es folgt die Kür, in der uns mit großer Freiheit nochmal ganz neue Möglichkeiten erwarten können.

Selbstverständlich trifft diese Jahrsiebteinteilung nicht auf jedes Leben zu. Manchmal sind es 6 oder 8 Jahre oder ein Leben richtet sich gar nicht danach. Oft müssen wir auch erst eine gewaltige Por-

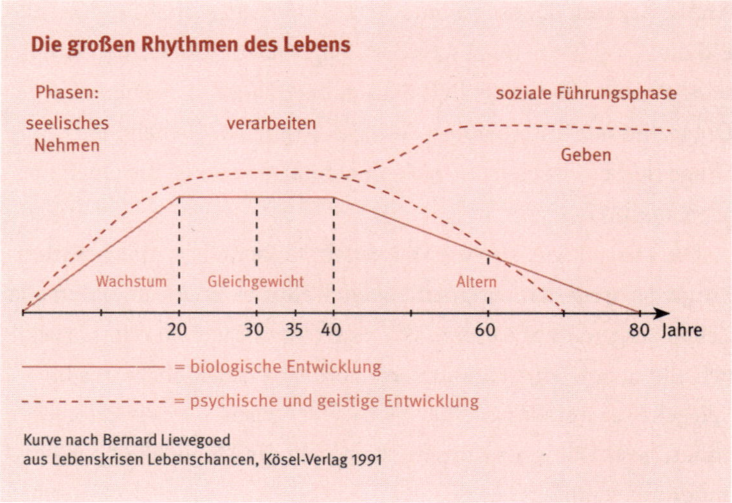

tion Skepsis vor solchen »Lebenseinteilungen« überwinden. Dann ist es jedoch verblüffend zu erleben, wie genau diese großen Rhythmen eingehalten werden. Schon diese Entdeckung einer tieferen Ordnung kann zu einem Gefühl der inneren Ruhe und des vertrauensvollen Getragenseins führen.

Man unterscheidet zunächst drei große Lebensabschnitte von jeweils circa 21 Jahren:

In der Zeit der leiblichen Entwicklung – bis etwa 21 Jahre – finden auf der Körperebene Wachstum und Entwicklung statt. Wir verbinden uns innerlich mit uns und unserer Umgebung. Im Seelischen ist es die Zeit, in der wir »nehmen und bekommen«.

In der Zeit der seelischen Entwicklung – von 21 bis 42 Jahren – lernen wir uns kennen, entdecken die Welt und richten uns in ihr ein. Auf der Körperebene leben wir in dieser Zeit auf einem Plateau: Unsere ganze Körperkraft steht uns zur Verfügung. Alles erscheint uns machbar! Wir expandieren in dieser Phase und wir organisieren unser eigenes Leben.

In der Zeit der geistigen Entwicklung – also etwa ab 40 – finden wir zu unserer Lebensaufgabe und können unsere Zukunftsimpulse kraftvoll in der Welt verwirklichen. Im Körperlichen beginnt nun – zunächst unmerklich – die Zeit des Alterns. Dadurch stehen uns jetzt die Lebenskräfte, die vorher körperlich gebunden waren, zur Verfügung. Allerdings müssen wir sie aktiv ergreifen und gestalten. Wir können diese schöpferische Entwicklungskraft deutlich spüren. Mit ihr kommen wir zu einem umfassenden Verständnis des Lebens, das uns Gelassenheit schenkt. Wir treten jetzt in unsere soziale Führungsphase ein, die Zeit des Gebens, der Altersweisheit beginnt.

Jeder Lebensabschnitt hat seine besonderen Fragen und Aufgaben, auf die ich in den einzelnen Kapiteln ausführlich eingehen werde. Bis etwa 30 wird uns unsere Entfaltung von der Natur »geschenkt«. Danach müssen wir lernen, unser Leben und unsere Entwicklung selbst in die Hand zu nehmen. In diesem Zeitraum beginnen wir auch, Fragen an unser Leben und seinen Sinn zu stellen. Wir werden zunehmend zum aktiven Gestalter unseres Schicksals.

Individuelle Abweichungen

An dieser Stelle möchte ich auf etwas hinweisen, das für das ganze Thema gilt: In der Biografiearbeit beschreiben wir Gesetzmäßigkeiten, die aber nicht unbedingt auf jeden zutreffen. Wir schildern häufige Phänomene eines Lebensalters. Wir konkretisieren Krisenpunkte. Beim Lesen des Buches werden Sie auf Punkte treffen, in denen Sie sich eins zu eins wiedererkennen. An anderer Stelle treten bei Ihnen die geschilderten Phänomene zu einem anderen Zeitpunkt auf – oder überhaupt nicht. Sonst wären wir keine individuellen Menschen, sondern Maschinen desselben Fabrikats. Gerade da liegt das Besondere der Biografiearbeit: das Allgemeine der Gesetzmäßigkeit zu schildern, damit darin das Besondere und Einmalige von jedem von uns auftauchen kann.

BIOGRAFIEARBEIT: WAS IST MÖGLICH?

»Es ist eigentlich eine Schande, dass einem keiner zur Geburt einen Bauplan mitgibt; sonst heißt es immer: Lies dein Benutzerhandbuch!«, meinte Anja in einem meiner Workshops zur Biografiearbeit. Tatsächlich erarbeiten Sie sich mithilfe der Biografiearbeit Ihr eigenes Benutzerhandbuch: Sie lernen zunächst, die allgemeinen Gesetzmäßigkeiten des Lebens kennen. Danach können Sie die Zusammenhänge in Ihrem Leben verstehen und die Chancen begreifen, die gerade auch in den schweren Passagen des Lebens liegen. Sie können sie in Fähigkeiten verwandeln und für Ihre Zukunft nutzen. Biografiearbeit schenkt Ihnen ein neues, tiefes Verstehen für die Sinnhaftigkeit in Ihrem Leben. Sie spricht Sie in Ihrem Ich an. Sie erleben die große Kraft der kleinen Schritte: Dies lässt Ihr Leben wieder handhabbar erscheinen.

Nutzen Sie Ihren Ich-Sinn?

Mit der Biografiearbeit entfalten wir einen Sinn, der bis dahin nur instinktiv über unser Unterbewusstsein agiert, den sogenannten Ich-Sinn. Mit ihm sind wir dem Ich in uns und in unserem Gegenüber auf der Spur.

Aus dem Leben: *Ich sehe die folgende Erinnerung noch ganz klar vor mir: Ich war jung verheiratet und hatte zu meiner Schwiegermutter ein nahes, gutes Verhältnis. Anlässlich eines Familienfestes meines Mannes wurden alte Filme gezeigt. Ich erkannte niemanden. Auf einmal sah ich eine junge Frau Zigarette rauchen und ich rief: »Marianne«, so heißt meine Schwiegermutter, »das bist ja DU«. Mein Ich-Sinn hatte sofort die eindeutige Art zu rauchen erkannt, an der sich in den 20 Jahren nichts verändert hatte.*

Die Mimik eines Menschen, seine Gestik, seinen unverwechselbaren Gang, seine Stimme, seine innere Haltung erfassen wir mit unserem Ich-Sinn. Er führt uns hin zu einem Verstehen der Einmaligkeit in uns und in unserem Gegenüber. Erst wenn wir unser Gegenüber »lesen« und verstehen können, lernen wir, es in einer schwierigen Situation einzuschätzen und unseren Umgang mit ihm bewusst zu gestalten. Durch die Beschäftigung mit unserer Vergangenheit schärfen wir auch unseren Blick für den zeitlichen Verlauf des Lebens. Was in meinem Leben hat mich zu mir hin geführt und was eher von mir weg? So erlangen wir ein inneres Gespür für das, was unserer Selbstverwirklichung dient, und das ist bei Entscheidungen für unsere Zukunft sehr wertvoll.

Im Jetzt leben

Wie oft verschließen Sie sich dem Jetzt dadurch, dass Sie entweder Ihren Erinnerungen, also der Vergangenheit, nachhängen oder die Zukunft durch Planung und Hinterfragen gedanklich vorwegnehmen? Wir leben aber auch nur scheinbar im Jetzt, wenn wir uns vom Zeitgeist der Konsum- und Freizeitgesellschaft betäuben lassen. In diesem Treiben und Genießen verlieren wir leicht die Verbindung zu uns selbst. Oft glauben wir, das Jetzt zu greifen und die Freiheit festhalten zu können, indem wir Drogen- und Suchtmittel nutzen und womöglich Schritt für Schritt einer *Sucht* verfallen, statt der *Suche* nach uns selbst zu folgen.

Momente der Ruhe, der Einkehr, der Meditation oder des Gebetes können für jeden modernen Menschen überlebensnotwendig werden, um im hektischen Getriebe des Alltags die Verbindung zum höheren Selbst zu pflegen und zu stärken. Um im Jetzt, im Augenblick, frei, verantwortlich und tatkräftig zu handeln, braucht es zudem eine tiefere Beschäftigung mit der Frage nach dem Sinn unseres Lebens – je älter wir werden, desto mehr. Mit Biografiearbeit lernen wir in dieser schnelllebigen Zeit mit all ihren Anforderungen an uns, die Verbindung zu uns selbst immer wieder neu zu knüpfen und zu aktualisieren.

Stärkung unserer Gesundheit

Warum bleiben Menschen trotz vieler gesundheitsgefährdender Einflüsse gesund? Wie schaffen sie es, sich von Erkrankungen wieder zu erholen? Und was ist das Besondere an Menschen, die trotz extremster Belastungen nicht krank werden? Der israelisch-amerikanische Medizinsoziologe Aaron Antonovsky hat sich in den 1970er-Jahren mit diesen Fragen beschäftigt: »Was hält uns eigentlich gesund?« Seine Erkenntnisse hat er mit dem Begriff Salutogenese überschrieben: die Lehre der Gesundheitsförderung. Er fand bestimmte Einstellungen, die dazu führen, dass Menschen unter identischen Stressbedingungen eher gesund bleiben als andere. Folgende drei Faktoren sind nach Antonovsky dafür verantwortlich, dass Menschen körperlich und psychisch gesünder sind: das Gefühl der Verstehbarkeit, das Gefühl der Handhabbarkeit und das Gefühl der Sinnhaftigkeit des eigenen Lebens. Diese drei Faktoren ergeben zusammen das Kohärenzgefühl, das Gefühl einer inneren Stimmigkeit. Es wird unbewusst in Kindheit, Jugend und früher Erwachsenenzeit erworben, also vor allem im ersten Lebensdrittel.

Biografiearbeit trägt deshalb auch die Möglichkeit der Gesunderhaltung und des Gesundwerdens in sich: Die Beschäftigung mit der eigenen Vergangenheit kann sich als Schritt der Selbsterkenntnis gesundheitsfördernd auf unser Alltagsleben auswirken.

Aus dem Leben: *Ulrike, Mutter von drei Kindern und verheiratet mit einem Professor, der sehr viel arbeitet, litt seit vielen Jahren an Migräne, die sie immer am Wochenende zwang, sich zurückzuziehen.*

Ulrike ist eine sehr liebevolle, umsorgende Mutter und Ehefrau. Es brauchte einige Gespräche, bis sich zeigte, dass Ulrike von ihrer Mutter in der Kindheit immer als egoistisch bezeichnet wurde. Es war ein Schlüsselmoment in der Behandlung, als wir verstanden hatten, dass Ulrike, um nicht vor sich selbst egoistisch dazustehen, die Migräne am Wochenende brauchte, weil sie sich selbst sonst keine Wochenendpause zugestehen konnte. Ulrike musste lernen, dass auch sie als Mutter ein Recht auf Erholungsphasen hat. Heute hat sie nur noch ab und zu Migräne. Jetzt kann sie diese als hinweisende Frage auffassen, ob sie sich selbst genügend Aufmerksamkeit und Freiraum schenkt.

Je mehr wir also mit unserer inneren Stimme, unserem roten Lebensfaden, verbunden sind, desto seltener treten Depressivität, Ängstlichkeit und psychosomatische Beschwerden auf. Mit einer Lebensführung, die von unserem Zentrum, unserem Ich ausgeht und die seelisch-geistige Weiterentwicklung immer im Auge behält, können wir direkt unsere Gesundheitskräfte stärken.

Aufs Älterwerden freuen

Endlich sagt Ihnen jemand, was Sie schon in Ihrer Tiefe wussten: Zum Jungbleiben gehört neben einer körperlichen Spannkraft vor allem eine gezielte Kultur unserer Seele. Diese seelisch-geistige Entwicklung geschieht nicht von selbst. Wird sie – beispielsweise durch Biografiearbeit – immer wieder neu geübt und gesucht, bemerken wir dies an einer reifen, positiven und zuversichtlichen Lebenshaltung. Im Widerspruch zum biologischen Lebensalter setzt eine geistige Verjüngung ein: Aus einem faltigen Gesicht strahlt uns ein jugendlicher Blick entgegen. Biografiearbeit nimmt uns die Angst vor dem Älterwerden. Sie zeigt uns, dass in der zweiten Lebenshälfte neue Kräfte darauf warten, von uns für unsere individuelle seelisch-geistige Entfaltung genutzt zu werden.

Fettnäpfchen vermeiden

Geht es Ihnen auch so, dass Sie in Ihrem Leben denselben Fehler in ähnlicher Weise wieder machen? Sitzt man dann mitten im Fettnäpfchen, denkt man sich: »Ist mir das nicht schon einmal passiert?« Meistens liegen diesen Fettnäpfchen fest eingeprägte Muster oder Erlebnisse aus unserer Kindheit zugrunde.

Mit Biografiearbeit erinnern wir uns aus liebevoller Distanz an unsere Kindheit, wir lernen unsere Muster kennen und schaffen damit die Grundlage, mit ihnen umzugehen. Wenn wir unsere Fettnäpfchen kennen, müssen wir nicht mehr hineintreten.

Verpasste Jugend, und was nun?

Es gibt viele Menschen, die haben den Eindruck, in bestimmten Lebensphasen das Wesentliche verpasst zu haben – sie haben zum Beispiel nie pubertiert oder hatten nie Zeit für die »wilden« Zwanziger. Auch dabei kann uns ein Wissen um die Gesetzmäßigkeiten des Lebens und seine Themen eine Hilfe sein, um das »Verpasste« in verwandelter Form in die Gegenwart zu integrieren. Biografiearbeit hilft uns, uns selbst und unsere ungelebten Sehnsüchte, Wünsche und Anlagen kennenzulernen und somit in angemessener Weise zu einem späteren Zeitpunkt auszuleben.

So kann Erinnerung heilsam wirken

Schiebt sich die Erinnerung an zurückliegende schlimme Erfahrungen in unser Bewusstsein und leiden wir wieder an den Gefühlen von damals, wollen wir diese meist möglichst schnell wieder aus unserem Bewusstsein verdrängen. Das ist ganz normal, denn wir können zunächst nicht glauben, dass eine bewusste Erinnerung auch heilsam und lösend sein kann.

Aus dem Leben: *Hildegard erzählt: »Der Suizid meiner Mutter in den Nachkriegsjahren brachte für mich neben den direkten Folgen, wie Waise zu sein, bei Verwandten untergebracht zu werden, große Anpassungsbereitschaft entwickeln zu müssen, auch Belastungen, die das Ereignis bei anderen Verwandten auslöste, die diese wiederum auf mich übertrugen. Es waren Scham, Trauer, Ablehnung, Unverständnis, Peinlichkeit und andere gesellschaftliche Ächtungen, die mich deutlich spüren ließen: Da ist ein Makel und dieser Makel ist auch meiner, der mich abwertet. Mich da herauszuentwickeln und die Geschehnisse anzunehmen ohne Bitterkeit, ist in der Biografiearbeit gelungen – ein wahrer Segen.«*

Die Krise der Lebensmitte meistern

In unserer Lebensmitte bemerken wir, wie stark uns die Muster unserer Kindheit geprägt haben. Unsichtbaren Tattoos gleichen diese Narben unserer Seele. Aber das, was uns geschehen ist, zeichnet uns auch aus, ist Teil unserer Individualität. Wenn wir unsere Herkunft bewusst integrieren können, legen wir die Basis, um den Weg in unsere ureigene Zukunft zu finden. Es gilt, dabei Schritt für Schritt den Menschen, der wir geworden sind, anzunehmen, anzuerkennen und die Erlebnisse unserer Vergangenheit als tief zu uns gehörend zu verstehen. Das fällt leicht bei den positiven Ereignissen, aber schwer bei jenen, die wir negativ bewerten. Wie können wir die Verletzungen der Vergangenheit kreativ für unsere Zukunft nutzen? Das ist eine der wichtigsten Aufgaben der zweiten Lebenshälfte: Der kreative Umgang mit uns selbst, mit all unseren Facetten.

Mit Biografiearbeit erfahren wir, dass das, was uns geschehen ist, uns auch in einer wunderbaren Weise befähigt. Gelingt es uns, diesen Zusammenhang zu verstehen, fangen wir an, die Chancen und Möglichkeiten zu begreifen, die in unserem Schicksal liegen.

Haben wir die Krise der Lebensmitte für unsere bewusste Lebensgestaltung nutzen können, fängt das Älterwerden an, Spaß zu machen. Wir spüren eine zunehmende Freiheit und Ungebundenheit. Wir leben unser Leben mit weniger Kompromissbereitschaft und mehr Echtheit. Beruflich und privat befinden wir uns nun auf dem Hochplateau des Lebens.

Der Burn-out-Falle entgegenwirken

Die ersten Anzeichen des seelischen Herzinfarkts, wie das Burn-out-Syndrom gern genannt wird, werden im Alltag meist übersehen oder für normal gehalten: Wir erstarren innerlich, werden immer teilnahmsloser und verlieren so unsere Fähigkeit, emotional zu schwingen: Nichts freut uns wirklich, nichts verärgert uns wirklich. Wir leben von einem Tag zum nächsten in unserem Hamsterrad der Pflichten und Aufgaben. Das Wochenende und selbst der Urlaub bringen keine bemerkbare oder anhaltende Veränderung. Letztlich folgt der seelischen Starre eine emotionale Erschöpfung, die die Mitmenschen als absolute Gefühlserkaltung erleben. Diesen Zustand nennen die Psychologen Depersonalisation.

Mit der Biografiearbeit erinnern wir uns bewusst an Erlebnisse unserer Vergangenheit und pflegen damit wir unsere Selbstwahrnehmung. Wir üben uns in unserer emotionalen Erinnerung. Dies führt zu einer dynamischen Verbindung zwischen unserem Alltags-Ich und unserem authentischen, wahren Selbst, dem höheren Selbst, wie C.G. Jung, der Begründer der analytischen Psychologie, diesen Seelenanteil nennt. Wir wirken damit der Selbstentfremdung entgegen. Die geübte Selbstwahrnehmung stärkt unser Selbstwertgefühl. Wir verbinden uns mit unseren inneren Kraftquellen und finden so zu unserer emotionalen Spannkraft. Dies ermöglicht uns, mit anderen mitzufühlen, uns in sie hineinzuversetzen.

Gleichzeitig lernen wir unsere emotionalen Grenzen kennen und vertreten diese auch aktiv nach außen.

Mit dem beginnenden Burn-out geht eine Leistungsunzufriedenheit einher. Wir leiden unter einer geringen Belastungsfähigkeit, erschöpfen schnell. Dem Verlust der Energie folgt dann die innere Kündigung. Wir sind nicht mehr in unserem Leben dabei. Die Biografiearbeit zeigt uns unsere Selbstwirksamkeit: Wir schauen bewusst auf die Momente im Leben, die wir aktiv mitgestaltet haben. Dies lässt uns leichter eintauchen in den »Flow des Lebens«, in dem wir uns in völliger Harmonie mit uns selbst fühlen können. Hier liegt die Quelle unserer Kraft. Wir fühlen uns wieder als der Regisseur unseres Lebens.

INFO: MIT BIOGRAFIEARBEIT GEGEN BURN-OUT

Seelische Symptome des Burn-out	**Biografiearbeit hilft durch**
Sich selbst fremd werden	Bessere Selbstwahrnehmung
Erstarren im Alltags-Ich, Gefühlserkaltung	Verbindung von Alltags-Ich und höherem Selbst
Innere Distanzierung	Stärkung des Selbstwertgefühls
Emotionale Erschöpfung	Emotionale Grenzen werden wahrgenommen und vertreten, bei steigender Empathiefähigkeit
Leistungsunzufriedenheit	Vermehrte Selbstwirksamkeit, stärkt den »Lebensflow« und die Selbstregulation
Innere Kündigung	Neue Eigeninitiative: »Ich bin der Regisseur meines Lebens«

Biografiearbeit: die Pille für alles?

Langsam wundern Sie sich, dass ich Ihnen Biografiearbeit als Wunderpille für und gegen alles anbieten möchte? Wie haben Sie bis heute überhaupt überlebt? Selbstverständlich ist die Biografiearbeit nur *eine* Technik und nur *eine* Möglichkeit unter vielen. Sie wirkt vor allem durch *Ihre aktive* Beschäftigung und Auseinandersetzung mit sich und Ihrem Leben.

Nein, Ihre Probleme werden nicht weggeblasen. Nein, Ihr Leben wird nicht leichter – zumindest nicht sofort. Nein, Sie werden hier nicht lesen, was das Richtige für Ihr Leben ist. Vielleicht fühlen Sie sich sogar zeitweilig unsicherer als vorher.

Es kann gut sein, dass Sie beim Lesen des Buches bemerken, dass eine professionelle Unterstützung durch einen Coach oder Therapeuten für Sie wichtig wäre. Zu dieser Erkenntnis würde ich Ihnen von Herzen gratulieren! Es ist inzwischen ein allgemein anerkanntes Zeichen von Stärke, sich rechtzeitig kompetente Unterstützung zu holen. Denn auch ich gehe immer wieder mit meinen Fragen und Problemen zu einem Therapeuten meines Vertrauens.

Vom Flickwerk zum individuellen Muster

Erinnern Sie sich, wie ich Ihnen anfangs erzählte, dass ich in den 20-ern die mitgelieferte Strickanleitung wegwarf? Dank mancher Krise in meinem Leben, die mich aufgefordert hat, mithilfe der Biografiearbeit nach hinten und danach neu nach vorne zu schauen, habe ich immer mehr Sicherheit gewonnen, worin mein ganz eigenes Strickmuster liegt. Nein, ein Zopfmuster ist es nicht mehr, aber ich habe gelernt, auf das innere »Raunen« meiner Fäden zu achten. Manchmal überhöre ich es wieder eine Zeit lang, und doch gelingt es mir immer besser, diesem inneren Zwiegespräch zu folgen. In diesen Momenten lebe ich mein Leben, fühle mich im tiefen Einklang mit mir und bin so meinem roten Lebensfaden auf der Spur.

Wie Sie das Buch als Arbeitsbuch nutzen

Ich möchte Sie mit dem Buch motivieren, sich immer mehr bewusst zu machen, dass Sie als Mensch durch Ihre lebenslange Lernfähigkeit die Voraussetzung haben, sich täglich zu verändern und Ihr Leben neu beginnen zu können.

Biografiearbeit kann Sie dabei unterstützen, sich in Ihren gegebenen Grenzen so zu verwandeln, dass sich Ihre bekannte Vergangenheit und Ihre unbekannte Zukunft in einer sehr lebendigen Gegenwart treffen.

Mit diesem Buch lade ich Sie ein, Ihr Leben erinnernd und forschend zu betrachten. Schon innerhalb der Lebensjahrsiebte gebe ich Ihnen anhand von »Stärkungsjokern« und »Entwicklungsjokern« Tipps, wie Sie die neuen Informationen für sich nutzen können. Nach der erzählend-erläuternden Darstellung werden zu jedem Lebensabschnitt konkrete Fragen gestellt, die sich in meiner langjährigen Seminararbeit als hilfreich erwiesen haben. Daneben gibt es zu jedem Jahrsiebt ein Bildthema zum Malen. Mit dem Malen verschaffen wir uns einen Zugang zu unserem Bildgedächtnis, das jenseits unserer rationalen Erinnerung in unserem Unterbewusstsein lebt.

Haben Sie zu jedem Lebensabschnitt ein Bild gemalt, können Sie die Bilder in eine Reihe auf den Boden legen. Die Art der Farbwahl und des Ausdrucks im Verlauf der Bilder geben Ihnen wie von einer höheren Warte aus eine weitere Hilfe bei der Entdeckung Ihres roten Lebensfadens. Dabei zeigt die Erfahrung, dass sich die »hellen« und »dunklen« Lebensabschnitte oft abwechseln.

Ich rate Ihnen, die Arbeit zu jedem Lebensabschnitt zeitlich auf 60 Minuten zu begrenzen: 30 Minuten für das Bildthema und 30 Minuten zum Umgang mit den Fragen. In meinen Seminaren ist die Zeit der Eigenarbeit sogar auf insgesamt 30 Minuten begrenzt. Auch darin liegt eine oft unterschätzte Kraft: Ein fester zeitlicher

Rahmen schenkt uns Sicherheit und Vertrauen. Die Gefahr des seelischen Zerfließens und Verschmelzens mit unserer Vergangenheit wird verringert, wir können die innerliche Distanz, die unser Ich stärkt, leichter halten.

In den Tagen danach wird Ihnen noch einiges zu dem Thema einfallen, mit dem Sie sich beschäftigt haben. Vielleicht haben Sie auch mehr Träume als sonst. Vielleicht sind Sie bedrückt oder traurig. Nutzen Sie all dies mit offener Neugier und schauen Sie genauer hin: Sind es Gefühle, die Sie aus ihrer Kindheit kennen? Mit welchen Erlebnissen hängen sie zusammen?

Rituale als Unterstützung

Um unsere Seele gesund zu erhalten, ist es hilfreich, im »Seelenhaus« Türen und Schwellen zu pflegen. Kleine Rituale führen in einen Raum, der bestimmten Themen vorbehalten ist, hinein und auch wieder hinaus in das Alltagsleben. So hat alles seinen Platz und verursacht kein Chaos im Alltag.

Das Anzünden einer Kerze ist so ein Ritual. Wenn Sie »Ihren« Raum wieder verlassen, löschen Sie auch diese Kerze wieder. Sie schalten quasi das Licht dort aus.

Die Fragen

Zunächst suchen Sie sich ein schönes Schreibheft für Ihre Biografiearbeit aus. Ja, ich empfehle Ihnen die Gedanken zu den Fragen aufzuschreiben, denn gerade neue Gedanken und Impulse, von denen wir glauben, wir vergessen sie nie, verschwinden ganz schnell wieder in unserem Unterbewusstsein, denn womöglich hätten sie ja unsere Einstellung zu unserem Leben verändert …

Lesen Sie sich die Fragen zu einem Lebensabschnitt zunächst alle durch und streichen Sie dabei die Fragen an, die Sie unmittelbar emotional ansprechen, denn sie haben etwas mit Ihnen zu tun.

Diese drei bis fünf Fragen wählen Sie aus und schreiben Ihre Erinnerungen dazu auf. Später können Sie sich natürlich noch den anderen Fragen zuwenden.
Wichtig: Sie versetzen sich bei der Erinnerung in Ihre damalige Lebenssituation hinein. Es geht nicht darum, diese Zeit aus den Gesichtspunkten von heute zu betrachten.

Die Bildthemen

Zunächst holen Sie sich einen großen Malblock und Farben. Am besten eignen sich ein DIN-A2-Block und Wachsmalblöcke. Dieses große Format soll Ihrer Seele weiten Raum geben, die Blöckchen laden Sie zu einem flächigen, farbigen Malen ein.

Auch wenn Sie lange nicht gemalt haben und Vorbehalte in sich spüren, sollten Sie bedenken, dass das Malen Ihnen einen neuen Erlebnishorizont eröffnet. Sie werden staunen über die Freude, die es Ihnen machen wird! Lassen Sie sich beim Malen von Ihren Gefühlen leiten. Sie können das Bildthema realistisch oder abstrakt umsetzen. Aus meinen Seminaren weiß ich, dass dies manchen Menschen nicht so leicht fällt. Deshalb habe ich bei einigen Malaufgaben zusätzliche Hinweise zur Umsetzung gegeben. Schreiben Sie die Gefühle auf, die beim Malen auftauchen.

INFO:
TRÄNEN ALS WEGWEISER

Ich versichere Ihnen, dass es für jeden von uns Lebenszeiten gibt, die sehr schmerzlich sind und die uns zu Tränen rühren. Lassen Sie die Tränen zu, sie sind die besten Wegweiser zu Ihren Lebensthemen und damit zu sich selbst. Vielleicht stoßen Sie auf Erinnerungen, bei denen Sie merken, dass Sie professionelle Hilfe brauchen. Setzen Sie diese Erkenntnis möglichst bald in die Tat um!

Die Joker

Jede Lebenszeit hat uns in besonderer Art in Verbindung mit einer Quelle in uns gebracht, aus der wir unser ganzes Leben lang Vertrauen und Kraft schöpfen können. Damit wir diese Geschenke schätzen und nutzen können, weise ich mit den Stärkungsjokern ausdrücklich auf sie hin.

Ebenso hält jede Lebenszeit Entwicklungsaufgaben für uns bereit, auf die Sie die Entwicklungsjoker aufmerksam machen. Es kann sich dahinter eine Aufgabe fürs Leben verbergen. Manchmal haben wir sie aber auch mit einem Satz unmerklich bestanden.

INFO:
WANN HOLT UNS DIE KINDHEIT EIN?

Mit der Biografiearbeit können Sie lernen, wann Sie in Ihrem aktuellen Leben mit Ihren Gefühlen in der Kindheit hängen bleiben. Sie werden dann erkennen, dass Sie in solchen Momenten weder in Ihren Gefühlen noch in Ihrem Handeln frei sind.

Blicken Sie hinter die Realität

Betrachten wir in sich abgeschlossene Zeiträume wie Ferien, die ja aus dem Alltagsleben herausragen, mit Distanz, können wir manchmal eine Verständnisebene entdecken, die hinter der erlebten Wirklichkeit liegt. Lesen Sie dazu meine Geschichte von der Moldau, lassen Sie sich davon inspirieren und fahnden Sie nach besonderen Ereignissen während Ihrer Ferien. Fragen Sie sich dabei: »Was möchte mir dieses Erlebnis über mich und mein Leben sagen?« So lernen Sie, aufmerksam zu werden für die inneren Zusammenhänge des Lebens, für eine Welt, die hinter der wirklichen Welt liegt. Wir beginnen zu verstehen, dass die sogenannten Zufälle oft erstaunlich gut in unser Lebenspuzzle hineinpassen und »wie zufällig« eine neue Lebensrichtung eröffnen, die im Nachhinein betrachtet gar nicht hätte anders verlaufen können.

Aus dem Leben

DAS LIED VON DER MOLDAU

Am Grunde der Moldau wandern die Steine
Es liegen drei Kaiser begraben in Prag.
Das Große bleibt groß nicht und klein nicht das Kleine.
Die Nacht hat zwölf Stunden, dann kommt schon der Tag.

Bertold Brecht

Ich durfte im Sommer 2008 meinen Sohn auf seiner Klassenfahrt begleiten: eine fünftägige Paddeltour auf der Moldau. Neben den zahlreichen schönen Begegnungen mit meinem Sohn und seiner Klasse erlebte ich diese Tage völlig unerwartet als Bild sowohl für mein privates Leben als auch für meine Arbeit.

Die Moldau fließt dahin wie das Leben selbst: Ruhig plätscherte das Wasser, gespiegelt in Smetanas Klängen, und freudig begannen wir auf Zweierkanus verteilt zu paddeln. Unerwartet stießen wir auf Steine, setzten auf Grund. Manchmal reichte die Strömung aus, um wieder ins Gleiten zu kommen, manchmal brauchte es noch ein kräftiges Abstoßen mit dem Paddel. Dabei hatten wir dann dieses spezielle Kratzen vom Bootsrumpf auf den Steinen besorgt im Ohr. Hin und wieder half nichts, wir mussten aussteigen – hinein ins kalte Wasser, um das Boot wieder in die richtige Fahrtposition zu stellen.

Dann waren da die Wehre mit den engen Bootsrutschen am Rand des Flusses. Christian, der Lehrer, und ich, wir waren die Ersten, die der Klasse zeigen sollten, dass dieses kleine Abenteuer für alle machbar ist. Ich musste mir meine Angst eingestehen und doch gab es kein Zurück. Es galt jetzt, allen Mut zusammenzunehmen – das haben schon viele geschafft, tröstete ich mich –, um mich mit meinem Partner im Lenken und Paddeln abzustimmen und hineinzurutschen in den engen, wogenden Durchgang. Das Rutschen selbst machte Freude, es ging so leicht. Doch dann kam die große Welle der sich brechenden Gischt: Ich saß vorne, also überspülte mich die Welle. An manchem Wehr blieb ich trocken, manchmal wurde ich ein wenig nass, manchmal pudelnass. Jetzt in der Welle galt es, einen inneren Widerstand des Erschrockenseins, des Aufgebenwollens zu überwinden und kraftvoll zu paddeln, um ein Kentern zu verhindern. Geschafft! Erleichtert, mit zitternden Knien schaute ich zurück und beobachtete die folgenden Boote.

Manch einer kenterte und brauchte dann unsere tatkräftige Unterstützung. Mutige Schüler sprangen in die Fluten und retteten die wegschwimmenden Paddel und Tonnen, in denen die Kleidung trocken verwahrt war.

Ein Wehr hatte keine Bootsschleuse. Da mussten die 20 Boote von jeweils acht Mann um das Wehr herum getragen werden. Hier war Teamarbeit nötig, allein hätte das keiner geschafft.

Abends wurden vor den Zelten auf kleinen Gaskochern einfache, aber köstliche Gerichte zubereitet. Aus allen Ecken rief es: »Frau Hofmeister, kommen Sie mal!« Es gehörte zu meiner Aufgabe, kleine Wunden zu verarzten, tröstende Worte zu finden für die Malheurs des Tages, in den Arm zu nehmen, viel zu loben und Mut zuzusprechen. Ich gestand meine Angst vor der großen Welle. Wir tauschten uns aus, dass es im Leben immer wieder Momente gibt, in denen die Angst uns warnen, aber nicht lähmen darf. Vorsicht und Angst sind gute Reisebegleiter im Leben, denn sie erinnern uns an unsere Grenzen. Gleichzeitig liegt es an uns, besonnen und mutig diese Grenzen zu sprengen und über sie hinauszuwachsen.

An einem Tag sind wir 20 Kilometer bei strömendem Regen gepaddelt. Christian meinte: »Zu Hause hätte mich heute niemand auf den

Neckar gebracht!« Für die Gemeinschaft brachte das Regenwetter den intensivsten Tag: tröstende Worte, aufmunternder Humor flogen von Boot zu Boot durch das dichte Meer der Regentropfen hindurch. Wie dankbar waren wir allen himmlischen Mächten, dass es abends, als wir unsere Zelte aufbauten, nicht mehr regnete, ja sogar die Sonne durchbrach. Am Lagerfeuer konnten wir uns aufwärmen und die Ereignisse des Tages austauschen.

Die Moldau mäandert in vielen kleinen und größeren Bögen durch die wechselnd flache, sommerwiesenreiche, felderweite oder walddichte Landschaft. Daneben waren auch Hügel, auf denen Burgen oder Kirchen stehen, Dörfer, die Heimat schenken konnten. Der Fluss schlängelt sich mal breit und spiegelglatt, dann wieder enger und munter plätschernd. Mit jedem Bogen verschließt sich die gefahrene Strecke, eröffnet sich ein neuer Ausblick.

Nach fünf Tagen Paddeln tauchte ich ganz langsam, wie aus unendlichen Tiefen, wieder in meinem Alltagsleben auf. Tief in mir ausgebreitet das Fließen des Wassers als Bild für mein Leben. Endlich konnte ich Altes verabschieden – wie die großen Steine der Moldau, die wir bewältigt und hinter uns gelassen hatten.

Ich hatte mich dem Wetter ausgesetzt, mich vom steinigen Grund abgestoßen, mich mutig den Schleusen gestellt. Ich bin nicht gekentert. Stattdessen habe ich neue Kraft geschöpft im Gleichklang der paddelnden Bewegung und des täglichen Rhythmus.

Ich bin nicht gekentert, ich konnte die Essenz aus meinen Moldauerlebnissen in meinem Lebensboot mitnehmen. Neue Lebenskraft durchströmte mich. Mit freudiger Gelassenheit blickte ich mutig dem Fluss in die Zukunft entgegen.

Ich war dieselbe und trotzdem war für mich danach nichts mehr, wie es einmal gewesen war. Ganz im brechtschen Sinne: »Das Große bleibt groß nicht und klein nicht das Kleine …« Weite Dankbarkeit erfüllte mich – das Leben war schön.

Der Blick zurück – alte Muster neu entdeckt

Immer wenn unsere Gefühle uns überfluten, wenn sie nicht adäquat sind, wenn sie also viel intensiver sind, als vom auslösenden Erlebnis zu erwarten war, und immer wenn wir keinen reflektierenden Erwachsenenstandpunkt einnehmen können, liegt der Ursprung dieser überschwemmenden Emotionen mit großer Wahrscheinlichkeit tief in der Kindheit verborgen.

In diesem Kapitel wollen wir sowohl die uns hemmenden als auch die uns stärkenden Erlebnisse unserer Kindheit und Jugend kennenlernen und blicken dafür zurück auf die ersten drei Jahrsiebte in unserem Leben: die Kindheit (Geburt bis 6 Jahre), Schulzeit (7 bis 13 Jahre) und Jugendzeit (14 bis 20 Jahre).

1. JAHRSIEBT: KINDHEIT

Nehmen Sie sich an der Hand und führen Sie sich hinein in das Land Ihrer Kindheit, in die Zeit von Ihrer Geburt bis zum siebten Lebensjahr! Vielleicht ist es ein weiter Weg, bis die ersten Erinnerungen auftauchen. Nehmen Sie sich die Zeit dazu, die Sie brauchen. Na, was kommt in Ihnen hoch? Sind es Bilder? Sind es Gerüche? Vielleicht haben Sie sofort den Duft von Weihnachten in Ihrer Nase. Sind es tiefe Tastempfindungen? Ich spüre immer noch meine kleine Hand in der starken und sicheren Hand meines Vaters, nichts konnte mir passieren. Sind es vielleicht Geräusche? Ich habe noch das wundervolle Kreischen meiner Großmutter im Ohr, wenn sie jedes Mal zu meinem Entzücken beim Klingeln ihrer Eieruhr, die ich heimlich aufgezogen hatte, zuverlässig erschrak. Merken Sie, wie bei bestimmten Erinnerungen eine tiefe Berührtheit in Ihnen aufsteigt? Nebenbei verrät uns die Art der Erinnerung, ob wir eher visuell, auditiv oder kinästhetisch, also auf Berührung, ausgerichtet sind.

Vielleicht bemerken Sie, dass Sie eigentlich eine wirklich schöne Kindheit gehabt haben, an die Sie sich viel öfter erinnern können, weil sie Ihnen Kraft und Stärke vermitteln kann.

Es kann aber auch sein, dass Ihre Kindheit sehr schwer war, dass die dunklen Seiten der Erinnerung vorherrschen: der Schmerz der Einsamkeit, der Verlassenheit, der Ängstlichkeit. Diese Grundthemen werden uns noch beschäftigen. Betrachten Sie alle aufsteigenden Erinnerungen diesmal aber mit liebevoll distanziertem Blick. Doch dann nutzen Sie Ihre Chance und schreiben Sie Ihre Kindheit um. Jawohl, die Hirnphysiologie lehrt uns, dass wir es selbst sind, die unsere Erinnerung bestimmen können.

Frei nach dem finnischen Psychotherapeuten Ben Furman können wir guten Gewissens sagen: »Es ist nie zu spät, eine glückliche Kindheit gehabt zu haben!«

STÄRKUNGSJOKER: WAS WAR SCHÖN?

Nutzen Sie Wartezeiten oder Autofahrten, um sich an die schönen Umstände, Situationen und Details Ihrer Kindheit zu erinnern. Können Sie sich lachen hören?

Einflüsse in der Schwangerschaft

Wir wissen heute, dass gerade die Einflüsse auf unsere tiefen Grundgefühle schon vor der Geburt gelegt werden. Das starke Wohlgefühl von Erwünschtsein oder aber dieser innerlich verankerte Zweifel an der eigenen Daseinsberechtigung, wenn wir unerwünscht waren, prägen unseren Lebenssinn. Er bildet sich an den verschiedenen Eindrücken unserer Kindheit und findet sich auch organisch wieder in unserem vegetativen Nervensystem, also in unserem »inneren Bauchgefühl«. Er beschreibt unsere Lebensgrundstimmung.

Willkommen auf der Erde!

Bedenken Sie oft genug, dass Menschsein ein kleines Wunder ist? Wie ein Weizenkorn, das keimt, werden unsere Körperzellen von der Kraft des Lebens durchflutet. So wird der Körper zum Leib, in dem unsere Seele und unser Ich ihre Heimat finden. Dieser Vorgang ist mit der Geburt nicht abgeschlossen, wie man landläufig glauben möchte, sondern nimmt hier seinen Anfang. Mit jedem Lebensjahrsiebt bekommen wir die Möglichkeit, uns mehr in unserem Leib und unserem Leben zu beheimaten. Wir wachsen nicht nur körperlich, sondern auch geistig-seelisch immer mehr hinein. So werden wir bereit für die Aufgaben unseres Lebens.

Nach der Empfängnis nähern wir uns – aus anthroposophischer Sicht – während der Schwangerschaft mit unserem unsterblichen Wesenskern, den wir Ich nennen, aus den Urweiten des Kosmos der Erde. Manche Kinder erzählen voller Überzeugung, dass sie auf dem Regenbogen vom Himmel auf die Erde gerutscht sind: ein schönes Bild, um den komplexen Vorgang der Inkarnation zu beschreiben.

In einem Menschenkind fließen drei Ströme zusammen: der Vererbungsstrom, die Umwelteinflüsse und das geistige Wesen, das wir als Ich bezeichnen. Die wesentliche Aufgabe des Kindes im ersten Lebensabschnitt liegt darin, aus diesen drei Strömen die Grundlage zu einer einheitlichen Persönlichkeit zu legen. Manche Menschen erleben als Erwachsene in sich eine tiefe Stimmigkeit, andere wiederum leben mit dem Gefühl, dass vieles von dem, was sie mit der Geburt vorgefunden haben, nicht wirklich zu ihnen passt.

Alle Zustände der Wärme sind es, die das Ich in diesem Prozess des Beheimatens im Leib unterstützen: Zuallererst die Wärme der Liebe unserer Eltern, die Ja sagen zu uns, so wie wir sind. Auch die Kleidung, die wärmt bis in die Zehenspitzen. Wärme, die in der Bewegung lebt und die Ausbildung unserer Nerven unterstützt. Die Wärme der Begeisterung, die im Spielen lebt. Dies alles unterstützt eine gesunde Leibbildung, auf die wir unser Leben lang zurückgreifen werden.

ENTWICKLUNGSJOKER: SORGEN SIE FÜR WÄRME

Lernen Sie Ihren Wärmehaushalt kennen und unterstützen Sie ihn aktiv auf allen Ebenen: Bewegung sorgt für körperliche Wärme, liebevolle Mitmenschen erwärmen unser Herz und unsere Seele, unsere Wangen glühen vor Begeisterung und wir spüren unsere geistige Präsenz.

Setzen Sie ab jetzt nach einem langen, schweren Tag bewusst die Wärme von Wollsocken, einer Wärmflasche, einer heißen Schokolade, einer Badewanne ein, um Ihrem vom Alltagsstress zerfledderten Ich das Gefühl von wohliger Heimat im Leib zu schenken.

Stellen wir uns das Beheimaten im Leib und damit auf der Welt vor wie das Einsteigen in eine Badewanne: In einer von Liebe getragenen fröhlichen Geborgenheit schenkenden Atmosphäre fühlen wir uns – wie in warmem Wasser – in unserem Körper wohl und dehnen uns bis in die Zehenspitzen hinein aus. Bei Schrecken und Angst zieht sich die Seele wie im kalten Wasser zurück, Leib und Welt werden dann als fremd erlebt. Dies kann sich später in einem Gefühl innerer Verlorenheit und Einsamkeit ausdrücken oder als tiefe Distanziertheit und Abgeschnittenheit von der Welt erlebt werden.

Die Geburt – unsere erste große Krise

Unsere Geburt war die erste große Krise in unserem Leben – und: Wir haben sie gemeistert! Wie wir diese erste Krise unseres Lebens bewältigen, wird uns als unbewusstes Muster tief eingeprägt. Es leitet uns oft bei unserem Umgang mit den vielen Krisen, die im Laufe des Lebens noch folgen werden.

So kenne ich einen Jungen, dessen Nabelschnur bei der Geburt um seinen Hals geschlungen war. Bevor er lesen lernte, »musste« er sich mit aller Kraft gegen das Lesen wehren. Später las er begeistert. Ehe er schwimmen lernte, machte er jedes Mal ein lautes Geschrei. Er liebt heute das Wasser. Wenn er diesen Zusammenhang zwischen der kurzen, luftnehmenden Enge durch den Zug der Nabelschnur vor dem tiefen Atemholen direkt nach seiner Geburt verstanden haben wird, wird er diese selbstgemachten Engstellen vor dem nächsten Schritt vielleicht nicht mehr brauchen.

Es lohnt sich also, die Frage nach der eigenen Geburt zu stellen und zu prüfen, ob sich ein entsprechendes Muster in unserem Leben wiederholt. Wenn ja, dann könnten wir darüber nachdenken, ob das Muster immer noch hilfreich und förderlich ist oder ob wir unsere Strategie verändern und aktualisieren sollten.

Aus dem Leben: *Von meiner Geburt erzählt meine Mutter, dass ich vier Wochen übertragen war. 1962 war das noch möglich. Als ich mich dann entschloss endlich zur Welt zu kommen, dauerte die Geburt nur 30 Minuten.*

Bei meiner letzten Krise, die schließlich zur Trennung von meinem Mann führte, fiel mir folgende Ähnlichkeit auf: Drei Jahre lang fühlte ich mich in unserem Haus, in unserem Zusammenleben nicht mehr wohl. Doch immer noch weiter ließ ich mich in eine unerträgliche Lebenssituation zwängen. Im Nachhinein hätte ich viel früher eine klärende Auseinandersetzung suchen müssen. Erst eine gewaltige, für mich völlig ungerechtfertigte Konfrontation ließ mich aufwachen.

Von dem Moment an vollzog ich die Trennung entschlossen. Innerhalb der nächsten acht Wochen suchte ich ein neues Heim und zog mit meinen Kindern aus.

Dabei erinnerte ich mich, dass ich schon oft in für mich untragbaren Lebenssituationen mit großer Duldsamkeit ausgeharrt habe, jedoch immer mit der Ankündigung: »Wenn sich nicht bald etwas ändert, kann sehr plötzlich alles anders sein.« Ab diesem Moment gab es für mich dann auch kein Zurück mehr.

Für die Zukunft würde ich mich gerne in meinem Leben viel früher und deutlicher auseinandersetzen, um so entweder Zeit für die Suche nach einem gemeinsamen Kompromiss zu haben oder aber konsequent kleinere Veränderungen herbeizuführen. Mit meinem Geburtsmuster, vier Wochen übertragen zu sein, kann ich positiv meine Fähigkeit zu Geduld, Beharrlichkeit und Aushalten enger, schwieriger Situationen verbinden. Ich möchte lernen, es auf der anderen Seite mit einer selbstbewussten, sich auseinandersetzenden und Kompromisse fordernden Lebensführung zu ergänzen.

Immer wieder werden wir an Endpunkte eines Entwicklungsabschnittes geführt, die, wie in der Schwangerschaft, für eine weiterführende Entwicklung eine Geburt in völlig neue Verhältnisse fordern. Für jede neue Geburt ist ein gewisses Sterben notwendig. Gewohntes zu verlassen, macht uns Angst. Woher nehmen wir immer wieder den Mut? Können wir uns verbinden mit uns selbst, mit unserem höheren Selbst, dann spüren wir das tiefe Urvertrauen: Wir haben eine krisenhafte Situation schon einmal an der Schwelle unseres Lebens überwunden – wir schaffen das wieder. Umgehen zu lernen mit den großen Lebensthemen Tod und Geburt, Sterben und Werden, Abschied und Neuanfang, ist eine der wesentlichen Aufgaben unseres Lebens. Als letzte große Krise wartet der Tod auf uns. Wir dürfen glauben, dass auch ihm eine neue Geburt folgt.

Anneliese Rath beschrieb das in ihren Aphorismen so: »Geboren werden, heißt dies nicht: Sterben in einer anderen Welt? Sterben, heißt dies nicht: Geboren werden in einer anderen Welt?«

INFO: JA, WIR DÜRFEN UNS HILFE HOLEN!

Hebammen wissen, dass die werdende Mutter oft nur noch »eine Wehe von der Geburt entfernt« wie vor einer Wand steht und für den Fortgang jetzt den klaren und kompetenten Zuspruch braucht. So dürfen auch wir uns, immer wenn wir in der dunkeln Enge einer Krise stecken zu bleiben drohen, kompetente und helfende Unterstützung suchen für den Schritt heraus aus der Krise und hinein in eine neue Auffassung unseres Lebens. Danach fühlen wir uns dann oft auch wie neugeboren und können neuen Mutes wieder allein weitergehen.

Wie unsere Lebenssituation uns prägt

Mit der Geburt werden wir in die Tatsachen unseres Schicksals hineingestellt: unser Heimatland, unsere Muttersprache, den Zeitpunkt unserer Geburt, unsere Umgebung, unsere Eltern und Geschwister, die weitere Familie. Als kleines Kind sind wir bis ins Leibliche hinein abhängig von unseren Eltern und deren Lebenssituation. Haben unsere Eltern uns vorbehaltlos geliebt? Konnten sie mit den Sorgen in ihrem Leben umgehen? Konnten sie uns das Gefühl von Geborgenheit vermitteln? Durften wir uns angenommen fühlen oder gab es da eine unterbewusste Ablehnung, die in uns das Gefühl hinterließ, nicht »richtig« zu sein? All dies wird uns für unser Leben prägen.

Diese bedingungslose Liebe, die uns annimmt, so wie wir sind, die vorbehaltlos Ja zu uns sagt, möchte ich in ihrer Geste eine mütterliche Liebe nennen. Von ihr werden wir ein ganzes Leben lang zehren oder sie ein ganzes Leben lang vermissen. Selbstverständlich ist diese »mütterliche«, annehmende Liebe nicht auf die Mutter beschränkt. Es kann sein, dass der Vater sein Kind so liebt, wie es ist, und die Mutter lehnt es in ihrem Inneren ab. Jede innere Ablehnung spürt ein Kind und empfindet tief, dass es selbst nicht »richtig« ist. Die Mischung aus einerseits schützenden, nährenden und andererseits schmerzlichen, etwas vermissenden Faktoren bildet den Boden, auf dem wir unsere individuelle Persönlichkeit entwickeln. Zum Glück findet ein Kind auch in schwierigsten Familienverhältnissen fast immer die Liebe einer Großmutter, eines Großvaters oder eines anderen nahestehenden Menschen, die für das Gedeihen des Kindes den heilsamen Ausgleich schaffen kann.

Lernen, weil es Spaß macht!

In den ersten drei Lebensjahren lernen wir wie nie wieder in unserem Leben. Mit großer Begeisterung und Freude entdecken wir voller Neugierde unsere Umgebung. Wir lernen die drei urmenschlichen Grundqualitäten, auf die sich später unser ganzer Charakter stützt: Gehen, Sprechen, Denken:

- Mit unserem aufrechten Gang spannen wir uns zwischen Himmel und Erde, zeigen wir uns als »Bürger zweier Welten«, wie es Goethe so treffend formulierte. Wir bekommen eine Empfindung für die Fragen: Wie stehe ich im Raum? Wie beherrsche ich meinen Körper und den Raum um ihn herum? Kann ich die Verbindung zum Himmel, die Führung durch mein höheres Selbst wahrnehmen?
- Im Sprechenlernen lebt die Empfindung für die Fragen: Wie verständige ich mich mit meinen Mitmenschen? Kann ich zuhören? Kann ich mich ausdrücken? Lerne ich, die Bedeutung hinter den Worten zu verstehen?

- Im Denkenlernen bekommen wir die Empfindung für die Fragen: Bin ich ein offener Mensch, der frei von Vorurteilen immer bereit ist, Neues zu lernen? Kann ich mir die echte Kraft des Staunens erhalten?

Die Gehirnphysiologie konnte inzwischen zeigen, dass die Charakterzüge unserer Persönlichkeit in ihren Grundbedingungen in den ersten drei Jahren festgelegt werden. Das gilt auch für Qualitäten, die für Personalentscheidungen herangezogen werden: etwa die persönliche Balance zwischen Teamgeist und Führungsstärke oder zwischen Familiensinn und Selbstverwirklichung. Die wirklichen Handlungsmotive in unserem erwachsenen Leben liegen oft in unserer Kindheit verborgen. Wenn wir diese Zusammenhänge entdecken, kann daraus eine Bestätigung für die Sinnhaftigkeit unseres Lebensweges erwachsen. In dieser Zeit werden wir geprägt von dem Vorbild und der Unterstützung unserer Eltern. Durften wir unseren Lerneifer ausleben, oder wurden wir durch zu viele Verbote, Vorsicht oder Ängstlichkeit gebremst? Hat uns zu viel korrigierendes Eingreifen den Spaß am Lernen genommen?

ENTWICKLUNGSJOKER: HILFE GEGEN RESIGNATION

Beispielhaft für jede neue Aufgabe im Leben kann uns der unermüdliche Eifer sein, mit dem wir als kleines Kind laufen gelernt haben. Wie viele hundert Male sind wir dabei gefallen und wieder aufgestanden. Resignation kannten wir nicht. Im Moment des Loslassens wird der freie, aufrechte Gang möglich. Das Strahlen dieses Momentes prägt sich ein, bleibt unvergessen.

Auch für uns als gestandene Erwachsene bleibt dieser früh erlernte Grundsatz bis ins Alter bestehen: Wir müssen loslassen, um die Hände frei für Neues zu bekommen.

Dauerhaft wie ein Tattoo

In den ersten beiden Lebensjahren nehmen wir uns wie von außen wahr. Das zeigt sich darin, dass wir von uns in der dritten Person sprechen: »Mia hat Hunger!« Das kleine Kind lebt hingegeben in seiner Welt. Grenzen zwischen innen und außen existieren nicht. Schöne und gute Erlebnisse ebenso wie angstvolle, traurige, traumatische Erlebnisse prägen uns wie Tattoos bis tief in unsere Organe hinein. Aus ihnen stammen unsere Lebensthemen, unsere Grundmuster, die wir in unserem späteren Leben zu entschlüsseln, zu verwandeln, zu verabschieden, zu nutzen haben. In ihnen liegt ein wichtiger Lern- und Entwicklungsfaktor des eigenen Lebens.

Aus dem Leben: *Nach meinem ersten Kindergartentag kam ich begeistert nach Hause. Am zweiten Tag war ich stiller, am dritten Tag verkündete ich: »Da geh ich niemals wieder hin!« Nach dem Grund gefragt, anwortete ich: »Da muss man immer tun, was die Kindergärtnerin sagt!« Meine liebe Omschka sagte darauf: »Suserle, dann bleib doch einfach bei mir zu Hause!« So kam es dann.*

Als ich später als Mutter zu Hause bei meinen drei Jungen war, verstand ich mich immer als Unternehmerin eines kleinen Familienbetriebes. Ich fühlte mich in all den Alltäglichkeiten sehr frei und unabhängig. Jahre danach baute ich Schritt für Schritt meine eigene Praxis auf. Dann begründete ich eine kleine Ausbildungsstätte für Erwachsene. Unter einem Chef zu arbeiten, der ich nicht selbst bin, ist mir unvorstellbar – ganz wie damals im Kindergarten.

Das Kleinkind wird gerne »Prinz« oder »Prinzessin« genannt und regiert oft das ganze Familienleben mit seinen unmittelbaren und sofort zu stillenden Bedürfnissen. Diesem natürlichen Lebensgrundgefühl der »Allmächtigkeit« müssen liebevolle entwicklungs- und altersentsprechende Grenzen gesetzt werden. Sonst verwandelt sich dieses Gefühl der »Allmacht« des Kindes – psychologisch Omnipotenz genannt – im Erwachsenenalter in ein tiefes, oft übertriebenes Verantwortungsgefühl, Schuldgefühl oder das Gefühl, Opfer der Verhältnisse zu sein. Deshalb fühlen sich Kinder tendenziell immer schuldig, wenn sich die Eltern trennen.

Aus dem Leben: *Die kleine Prinzessin Sabine lebte ganz als Mittelpunkt ihrer Eltern, bis das Geschwisterchen geboren wurde. Da die Mutter sehr unaufmerksam Sabine gegenüber war und sie nicht mit einbezog, stand sie am Rand und durfte nur noch aus der Entfernung zuschauen, wie die Mutter sich um das Kleine kümmerte.*

Sabine verstand nicht, was geschehen war, und fühlte sich schuldig an der Situation. Sie fühlte sich unwichtig und ausgeschlossen. Nur wenn sie sich sehr anstrengte, wurde sie manchmal als »die Große« gelobt. Die kostbaren Zärtlichkeiten der Mutter bekam nur noch das kleine Geschwisterchen.

Heute ist Sabine eine erwachsene Frau, doch wenn sie mit ihrem Trio vor Freunden oder öffentlich auftritt und Roland, ihr Mann, mit seinen Gesangs- und Klavierkünsten brilliert, fühlt sie sich ganz schnell ausgeschlossen und an den Rand gedrängt. Roland genießt sein Spiel seinem egozentrischen Naturell gemäß jedes Mal in vollen Zügen. Sabine, die immer gut vorbereitet in die Proben geht, weiß um ihre musikalische Kompetenz und doch geschieht es im Verlauf des Auftritts, dass sie sich Schritt für Schritt aus dem gemeinsamen Spiel zurückzieht. Sabine fühlt genau, wie sie innerlich zu dem kleinen Mädchen von damals schrumpft und die aktuelle Situation mit der frühkindlichen Prägung ineinanderfließt. Damals war sie ausgeschlossen aus der Gemeinsamkeit der Mutter mit dem kleinen Geschwisterchen. Heute steigt dieses alte Gefühl wieder in ihr hoch und bewirkt, dass sie sich nun selbst aus der Gemeinschaft ihres Trios ausschließt. Zunächst versucht der dritte Trio-Partner, sie durch sein aufmunterndes Lob wieder ins Spiel zu bringen. Doch als sie gar nicht reagiert, lässt er es schließlich, wie es ist. So bekommt sie durch ihr verstummtes, zurückgezogenes Verhalten die Bestätigung, dass sie wie damals von der Liebe, Anerkennung und Wertschätzung ihrer Umgebung ausgeschlossen ist. Dies gehört allein den anderen. Sie muss einfach doch Schuld auf sich geladen haben. Eine tiefe Traurigkeit erfasst sie, von der sie sich nicht mehr distanzieren kann. In ihrer Seele ist sie wieder das kleine Mädchen von damals.

Nachdem Sabine diese Zusammenhänge erkannt hatte und die Verbindung zur Gegenwart in aller Tiefe verstehen konnte, trat zunächst einmal eine große Erleichterung ein. Im nächsten Schritt war es wichtig, deutlich herauszuarbeiten, dass Sabine damals klein, der Situation ausgeliefert und hilflos war, dass sie aber heute erwachsen und damit handlungsfähig ist. Wir versetzten uns spielerisch in solche für sie verletzenden Situationen und überlegten uns, wie sie diese für sich hätte neu gestalten können. Zunächst kann man sich für solche sich wiederholenden Momente vornehmen, konkret entgegengesetzt zu reagieren, als es unser starkes emotionales Muster von uns fordert. Also in Sabines Fall: sich nicht selbst an den Rand stellen, wenn dieses traurige Gefühl über sie kommt, an den Rand gedrängt zu sein. Sondern im Gegenteil: mitten in die Situation hineingehen und sich unter den Beteiligten einen Verbündeten suchen, den sie in ein Gespräch zieht.

Das klingt ganz einfach, aber ich weiß aus persönlicher langjähriger Erfahrung, wie schwer, ja oft unmöglich es ist, die innere Regie eines Musters zu brechen. Doch wenn es gelingt und wir erleben dürfen, dass die verletzenden Gefühle gar nicht dem Moment entsprechen, sammeln wir von Situation zu Situation immer mehr Handlungsfreiheit. Wir beginnen unser altes, nicht mehr gültiges Drehbuch umzuschreiben. Diese positiven Erfahrungen können dann im Gespräch reflektiert und damit verstärkt werden. Jetzt fühlen wir uns erwachsen und sind damit eigenverantwortlich handlungsfähig. Der nächste große Schritt ist geschafft, wenn es gelingt, das Muster immer früher zu erkennen.

Die Erinnerung schützt uns

Ab dem Moment, in dem das Kind »ich« zu sich sagt, beginnt es, sich von der Außenwelt abzugrenzen, sein Selbstbewusstsein erwacht. In diesen Zeitraum fällt auch die erste Erinnerung.

Die Erinnerungskraft gleicht einem seelischen Schutzschild. Mit ihr können wir uns von unseren Erlebnissen emotional distanzieren, weil wir sie reflektieren können. Jetzt können wir nachvollziehen, warum Lebensthemen, die vor unserer Erinnerungsfähigkeit liegen, viel schwerer zu verstehen und zu verarbeiten sind. Der bewusste Umgang mit unseren Lebensmustern ist eine wichtige Herausforderung an das Erwachsenwerden. Hier liegt ein Schlüssel zur selbstverantwortenden Gestaltung unseres eigenen Lebens.

Im dritten Jahr zieht Selbstbewusstsein ein ins Denken, das Kind erfasst: »Ich bin ein Ich.« Dieses neue Selbstbewusstsein will das Kind nun an der Welt üben und erleben. Dies geschieht in einer ersten Abgrenzung von seiner Umgebung. Erfüllte früher das bejahende »Will auch!« den Raum, kommt jetzt mit Nachdruck und Kraft: »Nein, so wie du willst, will ich nicht!« Diese Ausbrüche, die den Erwachsenen oft als Trotz entgegenkommen, können wir als wichtigen ersten Ausdruck von Selbstbewusstheit verstehen, der überschießend und unkontrolliert auftritt. In diesem Sinne können wir Eltern uns über das oft schwer erträgliche Trotzalter freuen! Im Trotzalter und in der Pubertät liegt für uns die Chance, unseren eigenen Charakter im Unterschied zu unserer Familie auszubilden. Bei Erwachsenen dagegen ist es sehr viel schwerer zu ertragen und doch können wir es oft erleben, dass Erwachsene in ihren unkontrollierten Gefühlsausbrüchen ins Trotzalter zurückfallen und in Auseinandersetzungen in ihrer emotionalen Subjektivität stecken bleiben. Kennen Sie vielleicht auch dieses wohlige Gefühl, diesen Genuss in unserem kleinen Ego, der in uns aufsteigt, wenn wir mal wieder eine kleine Trotzszene inszeniert haben?

Spielerisch fürs Leben lernen

Das kleine Kind hat ein tiefes Grundbedürfnis, zu spielen. In diesem freien Spiel kann es mit Puppen und in Rollenspielen unbewusst seine Erlebnisse verarbeiten. So spielten meine Jungen nach einem Umzug in der neuen Wohnung und der unbekannten Umgebung wochenlang mit den Umzugskisten »Wir ziehen um«. Im täglich wiederholten Ein- und Auspacken verarbeiteten sie den Ortswechsel.

Typisch für das Spiel der Kinder ist diese besondere Mischung aus beinahe heiligem Ernst und fröhlicher Unbeschwertheit. Die Ärztin Gudrun Burkhard betont, dass Kinder, die ausdauernd, leidenschaftlich, selbstvergessen und intensiv spielen dürfen, dieselben Fähigkeiten in ihren Beruf einbringen werden. Für sie wird die Arbeit zuerst ein Beruf und an zweiter Stelle ein Gelderwerb sein.

»Die Welt ist gut«

Der Satz »Die Welt ist gut« kann als Motto für die Grundüberzeugung gelten, die sich in dem Urvertrauen ausdrückt, das dem kleinen Kind als Wegbegleitung geschenkt wird. Es zeigt sich in der immerwährenden Fähigkeit, zu staunen, in einer unmittelbaren Religiosität, in der Fähigkeit, ganz im Hier und Jetzt zu leben.

Mit dem Zahnwechsel findet dieser erste Lebensabschnitt seinen Abschluss. Eine neue Epoche, die Schulzeit wird freudig erwartet.

ZUR EIGENARBEIT: ERFORSCHEN SIE IHRE KINDHEIT

Fragen zum 1. Jahrsiebt

1. Wie war Ihre Geburt?
2. Können Sie sich mit Ihrem Namen identifizieren, was verbinden Sie mit ihm? Gab es einen Spitznamen, bis wann und von wem?

3. Wie war Ihre körperliche Entwicklung?
4. Wie und wann haben Sie laufen gelernt?
5. Beschreiben Sie Ihre erste Erinnerung.
6. Haben Ihre Eltern sich auf Ihre Geburt gefreut?
7. Fühlten Sie sich geliebt?
8. Waren Sie ein trotziges Kind?
9. Waren Sie mutig oder eher ängstlich?
10. Welches Alter hatten Ihre Eltern bei Ihrer Geburt?
11. Wem ähnelten Sie mehr: Vater oder Mutter?
12. Erinnern Sie sich an wichtige Familiengewohnheiten?
13. Wie waren Ihre Beziehungen zu den Eltern, Großeltern, Geschwistern, also zu den nahen Familienangehörigen?
14. An welcher Position stehen Sie in Ihrer Geschwisterreihe und welche Bedeutung hatte das für Ihr weiteres Leben?
15. In welcher Landschaft, in welchem Haus, in welcher Wohnung verbrachten Sie Ihre Kindheit?
16. Welche Sinneseindrücke haben sich bis heute eingeprägt (Gerüche, Farben, Töne, Berührungen)?
17. Gab es eine religiöse Erziehung?
18. Erinnern Sie sich an die wichtigsten Erlebnisse aus dieser Zeit – gute und schlechte?
19. Können Sie ein Muster aus Kindertagen erkennen, und wie gehen Sie heute damit um?

Malaufgabe zum 1. Jahrsiebt

Malen Sie ein Bild, das die Stimmung wiedergibt, die im ersten Jahrsiebt bei Ihnen zu Hause herrschte.

2. JAHRSIEBT: SCHULZEIT

Zwischen Einschulung und Pubertät, im Alter von 7 bis 13 Jahren, liegt eine freie, unbeschwerte Zeit, in der sich mit großen Schritten der persönliche Charakter ausbildet. Die Schulkinder erlangen schnell eine zunehmende Sicherheit und Freiheit, um draußen die geschützte Welt der Schulumgebung spielend zu entdecken und je nach Temperament und Abenteuerlust auch aus den Angeln zu heben. Sie dürfen mit wachsendem Selbstbewusstsein erleben, dass sie die Zusammenhänge der großen Welt mit jedem Jahr besser verstehen lernen. Sie sind stolz über jeden Zentimeter äußeren und inneren Wachstums. Dabei richtet sich das Interesse der Jungen mehr auf die äußere, technische Welt, das der Mädchen eher auf die zwischenmenschlichen, sozialen Verhältnisse. Gleichzeitig fühlen sich die Grundschulkinder fraglos eingebunden und sicher in ihrem Elternhaus.

In der Vorpubertät mit etwa zwölf Jahren wird die selbstverständliche, beschützende Familienwelt schon durch manchen Riss erschüttert. Wichtig ist, dass die Kinder jetzt in einer guten Mischung aus Grenzen, Pflichten und freiem Handlungsspielraum leben. Wissen die Schulkinder im zweiten Jahrsiebt, dass sie geliebt werden, verzeihen sie manche ungerechte Handlung gerne.

Endlich in die Schule!

Erinnern Sie sich noch an die Vorfreude und die gespannte Erwartung, mit der Sie den Schulanfang herbeigesehnt haben? Oder gehörten Sie zu den eher zögerlichen, zurückhaltenden Schulanfängern, die schon ahnten, dass der elterliche Ausspruch, jetzt beginne der Ernst des Lebens, nicht viel Gutes zu bedeuten hat? Die Mutigen, Forschen unter uns freuten sich auf die neue Selbstständigkeit, die Ängstlichen und Zögerlichen hielten sich an der Hand der Eltern fest und versicherten sich ihrer Begleitung in den nächsten Tagen und Wochen. Wir freuten uns aber alle auf die vielen neuen Kinder, unter denen wir sicher neue Freunde finden würden.

So wurden wir, mit einer Schultüte und dem Schulranzen ausgerüstet, feierlich von den Eltern und Großeltern zum ersten Schultag begleitet und von unserer Lehrerin etwas übertrieben freundlich und fröhlich begrüßt. Wir waren überwältigt von den neuen Eindrücken und den vielen Aufgaben, die uns nun bevorstanden. Doch wir spürten auch, dass unsere große Neugierde und unser Drang zu lernen in der Schule gestillt werden würden. Hier gab es Menschen, die wussten, wie die Welt funktioniert, und die uns dies alles beibringen würden.

Wenn Kinder in die Schule kommen, dehnt sich die Welt des eng gewordenen Kinderzimmers in die weitere Umgebung aus. Schon jetzt spüren die Kinder den Stolz auf ihre neue Unabhängigkeit.

Woher kommt die Kraft, mit der wir denken?

Noch heute gilt im Volksmund und in der ärztlichen Schuluntersuchung der Ausfall der ersten Zähne, meist sind es die Schneidezähne, als wichtiges Indiz für die Schulreife. Erinnern Sie sich noch an das Gefühl, wenn Sie mit der Zunge an dem Wackelzahn drückten und schoben? Ob die Geschichte mit dem Bindfaden vom Zahn zur Tür wirklich funktionierte? Mit dem Zahnwechsel beginnt ein grenzenloser Ideenreichtum und die Neugierde wirkt ansteckend. Die Eltern sagen dann, es wird Zeit, dass du in die Schule kommst. Tatsächlich stehen mit dem Zahnwechsel Lebenskräfte für das Lernen zur Verfügung, die vorher mit dem Wachstum und der Differenzierung der Organe »beschäftigt« waren.

Kleiner Ausflug in die Welt der Lebenskraft

Da jedem Menschen nur eine bestimmte Menge an Lebenskraft zur Verfügung steht, lohnt sich die Frage, wie wir diese am besten nutzen. Wir können uns unsere Lebenskräfte in ihrer Tätigkeit wie eine Waage mit zwei Waagschalen vorstellen.

Die eine Waagschale steht für die verschiedenen leiblichen Tätigkeiten:

1. Jeden Abend gehen wir erschöpft ins Bett und wachen dank der regenerierenden Kraftwirkung über Nacht am nächsten Morgen erholt wieder auf.

2. Verdauung und Regeneration brauchen Lebenskraft: Nach einem deftigen Schweinebraten mit Knödeln und Kraut sehnen wir uns nach einem Mittagsschlaf oder einem Verdauungsspaziergang. Da ein Großteil der Lebenskraft mit der Verdauung beschäftigt ist, fällt jetzt jede Schreibtischtätigkeit schwer. Weil in unserem Alltag oft nur wenig Zeit zum Essen und Verdauen bleibt und wir uns gleich nach dem Mittagessen wieder an die Arbeit setzen, ist es nicht verwunderlich, dass sich bei vielen Menschen Verdauungsbeschwerden einstellen.

3. Die Kinder brauchen Lebenskraft, um zu wachsen. Schicken wir Kinder zu früh in die Schule oder ist das Lernen zu intellektuell ausgerichtet, dann können empfindsame Kinder mit Blässe, Appetitlosigkeit, Kopf- oder Bauchschmerzen und Leistungsschwäche auf diese Überforderung reagieren.

4. Gesundwerden braucht Lebenskraft. Oft werden wir krank, weil wir mit unserer Arbeitsbelastung aus der gesunden Balance geraten sind. Der Stress überwältigt uns. Dann reichen Zugluft, Kälte oder Regen, um uns mit einer Erkältung oder einer Grippe zu einer Ruhepause zu »zwingen«. Manchmal können wir, wenn wir früh ins Bett gehen, mit dieser ausgiebigen Regenerationspause die Krankheit abwehren. Um eine Krankheit gut zu überwinden, soll-

ten wir uns Ruhe gönnen. Diese Zwangspause gibt uns dann die Gelegenheit, wieder in der Mitte unseres Lebens anzukommen. Wir überdenken die Prioritäten unseres Alltags und entwickeln oft auch neue Ideen für unsere Lebensgestaltung.

5. Die größte Leistung der Lebenskraft liegt in dem Wunder, das sich hinter dem Zustand Schwangerschaft verbirgt. Da wir jetzt nicht nur Lebenskraft für uns brauchen, sondern auch noch ein kleines Menschlein heranwächst, sind wir zeitweise müde, unkonzentriert und vergesslich während der Schwangerschaft und auch noch während der Stillzeit.

STÄRKUNGSJOKER: SO BEEINFLUSSEN SIE IHRE LEBENSKRÄFTEWAAGE

Mit folgenden Strategien wird Ihre Mittagspause zu einer kleinen Erholung und Sie gehen wieder fit an die Arbeit:

Wenn Sie sich mittags für ein leichtes, vegetarisches Essen entscheiden, erleichtert Ihnen das die Schreibtischzeit am Nachmittag, weil spürbar weniger Lebenskräfte in die Verdauungstätigkeit fließen.

Versuchen Sie, sich nach dem Mittagessen eine zehnminütige Pause einzurichten. Stellen Sie sich den Wecker, wenn möglich legen Sie sich lang – und wenn es auf der Yogamatte im Büro ist – und schließen die Augen. Richten Sie Ihre Gedanken in die Weite. Wenn Sie bemerken, dass Sie die Alltagsgedanken nicht loslassen, dann denken Sie an ein Gedicht oder Gebet Ihrer Wahl. Danach ein Espresso und Sie werden erstaunt sein, wie viel Energie Ihnen jetzt zur Verfügung steht.

Sind Sie ein Bewegungstyp, dann laufen Sie zehn Minuten nach dem Essen. Atmen Sie bewusst tief und frei durch. Auch dabei schicken Sie Ihre Gedanken in die Weite oder in eine liebevolle Beobachtung der Natur. Nicht nachdenken! Mit neuer Frische kehren Sie an den Arbeitsplatz zurück.

Die andere Waagschale steht für die leibfreie Arbeit der Lebenskraft: Damit ist die Kraft gemeint, die es braucht, um nachzudenken, sich zu konzentrieren, zu lernen. Lebenskraft ist individuell: Jeder Mensch hat seine eigene Lebenskraft, seine Lebensenergie. Generell gilt, dass uns in der Jugend mehr Kraft zur Verfügung steht als im Alter, dass die Erholungsphasen mit dem Alter länger werden. Dann gibt es den sogenannten Schreibtischtäter und den Naturburschen. Dem einen steht seine Kraft mehr zum Denken, dem anderen zum Arbeiten zur Verfügung. An dieser Stelle mit sich zu hadern, hat wenig Sinn. Vielmehr lohnt es, die eigenen Kapazitäten kennenzulernen. Dies ist kein selbstverständlicher Vorgang, meist brauchen wir dabei professionelle Unterstützung. Wo liegen meine persönlichen Neigungen? Was für eine Konstitution habe ich? Bin ich ein Morgen- oder Abendmensch? Kann ich mich gut in einem Großraumbüro konzentrieren, ja, ist die Anwesenheit der anderen sogar anregend für mich? Brauche ich klare Arbeitsanweisungen oder arbeite ich lieber autodidaktisch und eigenverantwortlich? Diese unterschiedlichen Qualitäten im Umgang mit unserer Lebenskraft bilden sich im Schulalter aus.

Langsam entwickelt sich unter den Pädagogen ein Bewusstsein dafür, dass in der Schule neben den Inhalten auch der Umgang mit folgenden Fragen vermittelt werden könnte: Wie lernt man? Was ist Glück? Wie gehe ich mit Frustration um?

Auch Gefühle und Emotionen verbrauchen Kraft. Sie merken selbst, dass ein gehöriger emotionsgeladener Streit Sie erschöpfter zurücklässt als zweistündige Gartenarbeit.

Wir können diese Lebenskräftewaage beeinflussen: Mit Rohkostdiät oder Fasten können wir die Balance zugunsten der Gedankenkraft verschieben. Fasten Sie einmal und Sie werden erstaunt sein, wie viel weniger müde Sie sind und wie klar Ihre Gedanken sind.

Lernen fürs Leben?

Unsere Eltern haben zwar hartnäckig versucht, uns einzureden, wir würden für unser Leben lernen – doch wir wussten noch gar nicht, was das werden würde mit unserem Leben. Nein, das Schulkind lernt für seinen Lehrer, seine Lehrerin. Fraglos und ungefiltert übernimmt es, was er sagt. Er weiß alles, er hat immer recht. In ihm sucht es eine liebevolle Autorität, die ihm Richtung gibt. In dieser Zeit kann das Wort des Lehrers mehr Bedeutung gewinnen als das der Eltern. Wir haben als Schulkinder nicht nur Inhalte gelernt, sondern auch Lerngewohnheiten, auf die wir das ganze Leben lang zurückgreifen. Wie glücklich sind alle, die auf eine Lehrerpersönlichkeit trafen, die dieser großen Aufgabe der ersten Schuljahre mit Liebe und Humor gerecht werden konnte.

Das Schulkind lernt für Menschen, die es lieben und verehren kann, für Menschen, von denen es sich seinerseits verstanden und geliebt fühlen darf.

So wie die Eltern dem kleinen Kind im ersten Lebensjahrsiebt durch ihr Tun, durch ihr Vorbild einen geschützten Raum, ein Nest für seine Entwicklung gebaut haben, so braucht das Schulkind einen Rahmen, der Erziehung heißt, in dem es seine neue Kraft in einem sicheren Lebensumfeld vielfältig erproben kann.

Zwischen Konzentration und Spiel

Dem Schulkind eröffnen sich zwei Welten: die Außenwelt seiner Umgebung und die Innenwelt seiner Gefühle. Zwischen »Außen« und »Innen« die rechte Balance zu finden, ist eine wesentliche Aufgabe des 2. Jahrsiebts, auf die wir unser Leben lang zurückgreifen.

In unserer Kindheit waren wir bis ins leibliche Wohlergehen abhängig von den Bedingungen in unserem Elternhaus: In diesem Bereich erlangen wir in der Schulzeit zunehmende Unabhängigkeit.

In den ersten Klassen nimmt die Klassenlehrerin während des Vormittags den wichtigsten Platz in unserer Seele ein. Wir suchen ihre Nähe und wollen es ihr recht machen, wo wir können. Nachmittags sind wir vor allem abhängig von der Stimmung, die in unserem Elternhaus lebt. Herrschen zu Hause zum Beispiel die tiefe Lebensmelancholie einer depressiven Mutter oder die bedrohliche unterschwellige Aggressivität eines alkoholabhängigen Vaters vor, so legt sich diese Stimmung wie ein dunkles Tuch über die Seele des Kindes. Eine fröhliche, an das Positive anknüpfende Atmosphäre verleiht der kindlichen Seele dagegen eine helle, lichte Tönung.

Aus dem Leben: *Sophia war eigentlich ein aufgewecktes, fröhliches Schulkind. Am liebsten war sie in der Schule, für den Heimweg ließ sie sich immer viel Zeit. Denn oft musste sie erleben, dass die unbeherrschten Launen der Mutter ihr den Nachmittag verdarben. Dabei schimpfte die Mutter so lange, bis Sophia weinte, dann erst schien die Mutter zufrieden zu sein. Nachdem Sophia als erwachsene Frau verstanden hat, dass die traurige, ängstliche Stimmung, die sie manchmal ergreift, mit den alltäglichen Launen der Mutter damals zusammenhängt, kann sie sich heute viel besser selber helfen: Sie macht sich klar, wie alt sie ist, dass sie ein unabhängiges und sicheres Leben führt und nicht mehr gewillt ist, sich von der Vergangenheit den Tag verderben zu lassen.*

Als Erwachsene stehen wir unseren Stimmungen dann hilflos gegenüber, wenn wir nicht wissen, woher sie kommen. Eine helle, freundliche Stimmung erleichtert es uns, unseren Lebensalltag zu bewältigen. Wir sind dann von innerer Zuversicht getragen. Leiden wir unter einer schweren, dunklen, traurigen oder angsterfüllten Stimmung und verstehen den Zusammenhang nicht, dann lohnt es sich, einmal zu fragen, in welcher täglichen Atmosphäre wir als Schulkinder lebten. Wenn wir einen Zusammenhang entdecken, kann dies schon zu einer Entlastung unserer Gegenwart führen.

ENTWICKLUNGSJOKER: WAS IST WIRKLICH PASSIERT?

Beobachten Sie einen Tag lang, wie Sie in Ihrer Stimmung auf die alltäglichen Kleinigkeiten reagieren. Ärgern Sie sich beispielsweise über Stunden, wenn Sie ein »gar zu freundlicher« Mitbürger belehrt hat, dass Sie nicht bei Rot über die Ampel gehen sollten? Lassen Sie sich den Tag verderben, wenn Ihrem Jüngsten die Tasse auf den Boden fällt? Lässt Sie eine überraschend arbeitsintensive Woche nachhaltig an Ihrem Job zweifeln? Wenn dem so ist, dann fragen Sie sich: »Was ist wirklich passiert?« Keiner hat sich verletzt. Alle sind gesund geblieben. Mein Beruf macht mir insgesamt Spaß.

Wenn Sie diese kleine Frage pflegen, wächst mit der Zeit Ihre Grenze zwischen Innen und Außen, und Sie lernen unmerklich das Wesentliche vom Unwesentlichen besser zu unterscheiden. Der »Gute-Laune-Faktor« in Ihrem Leben wird sich verdreifachen, obwohl sich im Äußeren nichts verändert hat, denn im nächsten Moment kann auch Ihnen ein Glas aus der Hand fallen! Na und, was ist wirklich passiert? Scherben bringen doch Glück, oder?

Können Sie sich erinnern, wie die Balance aus Ein- und Ausatmen in Ihrer Schulzeit aussah? Das Schulkind atmet nicht nur die Luft, sondern sein ganzes Welterleben ein und aus. Das Einatmen führt uns in die Enge und Begrenzung, das Ausatmen vermittelt Weite und Freiheit. So leiden unsere Stadtkinder unter der Enge der Häuserreihen, zu viele Asphaltflächen verhindern den Bezug zur Natur. Der Urlaub auf dem Bauernhof verbindet uns mit der Weite und Offenheit der Natur, die uns innerlich und äußerlich tief durchatmen lässt. Zu enge Regeln und Grenzen, zu viele Pflichten können zu dem lebenslangen Gefühl seelischer Beengung führen. Dies ist ein Aspekt, den man bei der ansteigenden Häufigkeit der Asthmaerkrankung, bei der ja die Ausatmung erschwert ist, bei Kindern mitberücksichtigen sollte. Sind die Grenzen zu weit, kümmert sich also niemand wirklich um das Schulkind, kann es zum Gefühl von seelischer Haltlosigkeit kommen. In den 1960-ern prägte der Münchner Pädagoge und Psychologe Otto Speck den Begriff der »Schlüsselkinder«. Heute wird dieser Zustand von den Psychologen mit dem Begriff der »Verwöhnungsverwahrlosung« umschrieben. Wie schnell und ohne viel nachzudenken stecken wir unseren Kindern heute zehn Euro zu fürs Kino oder Stadtbummeln, um uns damit eigene Zeit für Arbeit oder Muße zu verschaffen.

Im ersten Lebensjahrsiebt steht die mütterliche Liebe im Vordergrund. Damit ist die nährende, pflegende, behütende, schützende Liebe gemeint, die wir als Archetypus mit der Mutter verbinden, die natürlich auch vom Vater oder einer anderen Bezugsperson gegeben werden kann. Die meisten Väter sind zwar gern bei ihren kleinen Kindern, doch leicht ermüden sie dabei und freuen sich im Geheimen auf die gemeinsame Zukunft. Die mütterliche Liebe vermittelt Geborgenheit und innere Heimat. Sie gibt, ohne etwas zu wollen, sie verzeiht, ohne zu strafen, sie nimmt uns an, so wie wir sind. Sie erzieht durch ihr Dasein.

Die väterliche Liebe fördert unser Wachstum, an ihr können wir uns reiben, sie unterstützt Entwicklung, da sie auch neue oder angemessen gefährliche Situationen mit uns aufsucht. Sie erzieht uns mit der Herausforderung zur Leistung und der Forderung nach Konsequenz, sie richtet in ihrer Liebe den Blick auf das Potenzial des Kindes. Die väterliche Liebe zeigt uns den Weg in die äußere Welt. Auch die väterliche Liebe kann von der Mutter übernommen werden, doch wundern Sie sich als Frau nicht, wenn Sie das besonders anstrengt. In der Schulzeit schenken neben der Ausgewogenheit von mütterlicher, schützender, verstehender und väterlicher, begrenzender und fordernder Liebe vor allem gute Gewohnheiten und Rhythmus den notwendigen, ausgewogenen Halt zwischen Begrenzung und Weite.

ENTWICKLUNGSJOKER: ZUM EIN- UND AUSATMEN IN IHRER SCHULZEIT

Fühlten Sie sich eingebettet in ein Familienleben, das mit seinen Regeln und Pflichten Sicherheit vermittelte? Haben Ihre Eltern gerne gearbeitet, aber auch die freien Stunden genießen können? Hatten Sie genügend Freiheit für Abenteuer, Entdeckungen, Spiel? Dann können Sie vermutlich in Ihrer heutigen Tätigkeit selbstverständlich zurückgreifen auf ein ausgewogenes Verhältnis von Pflichterfüllung und Genuss von Freiräumen.

Eine Unausgewogenheit in diesem Bereich müssen wir uns meist erst bewusst machen. Wenn wir verstehen, woher unser überstarkes Pflichtgefühl kommt, warum wir immer mit schlechtem Gewissen unser Freisein als Faulsein abwerten, können wir anfangen, uns eine neue Balance aus Arbeits- und Mußestunden, also Ein- und Ausatmen, zu erlauben.

In der Schulzeit prägen sich die Weltkonzepte der Erwachsenen tief ein. Glaubenssätze und Normen werden verinnerlicht. Im Erwachsenenalter ist es dann unsere Aufgabe, diese Regeln auf ihre Stimmigkeit für unser aktuelles Leben zu überprüfen und gegebenenfalls zu aktualisieren. Zu den Glaubenssätzen gehören alle Sätze, die mit »Man macht …« oder »Bei uns tut man …« anfangen. Aber auch wertende Beurteilungen, die uns unser Leben lang binden und festlegen können wie »Du bist das schwarze Schaf«, »Das wirst du nie können«, »Das brauchst du erst gar nicht zu versuchen, das konnte in unserer Familie nie einer« gehören dazu. Ich habe schon manche Frau getroffen, die sich nach einer Partnerschaft sehnte, sich aber zunächst in schwieriger und trauriger Bewusstseinsarbeit klarmachen musste, wie tief sie sich verpflichtet hatte, den Ausspruch des Vaters zu erfüllen: »So wie du aussiehst, findest du nie einen Mann!«

INFO: GLAUBENSSÄTZE GLEICHEN ALTEN LIEBLINGSJACKEN

Gleichen unsere Grundmuster, also unsere wirklich tiefen Themen des 1. Lebensjahrsiebts, einem Tattoo, das uns lebenslang prägt, mit dem wir lernen müssen liebevoll, positiv und lösungsorientiert umzugehen und das dadurch bestenfalls blasser wird, aber nie ganz verschwindet, so ähneln die Glaubenssätze und Normen des 2. Jahrsiebts einer alten Lieblingsjacke oder dem blauverwaschenen Trainingsanzug aus den Jugendtagen: Wir haben erkannt, dass sie nicht mehr passend oder angemessen sind, lassen sie aber weiter im Schrank liegen. An den Abenden, an denen wir müde sind, schlüpfen wir hinein. Wenn uns jetzt einer so sieht, ist es uns egal. Morgens beim Aufräumen denken wir uns: »Vielleicht sollten diese Stücke doch mal in die Altkleidersammlung. Sie haben ihre beste Zeit lange hinter sich.« Genauso wissen wir auch, dass wir besser und freier ohne unsere alten Glaubenssätze leben könnten. Doch wenn wir müde sind oder hungrig, wenn wir unsere Eltern besuchen und in die Kinderrolle zurückfallen – schwupp, handeln wir wieder aus ihnen. Dabei sehen und hören wir uns zu und denken: »Na, diese Rolle steht Dir wirklich nicht mehr! Das hast Du nicht mehr nötig! Komm, lass sie los und sei Du selbst.«

Das allgemeine Temperament des kleinen Kindes ist fröhlich, sanguinisch. Ein Kleinkind, bei dem Melancholie oder Traurigkeit als Grundstimmung vorherrschen, wurde zu früh und ungeschützt mit einseitiger Intellektualität oder den Schattenseiten des Lebens konfrontiert. In der Schulzeit bildet sich dann die persönliche Grundstimmung der Seele aus. Das Temperament zeigt sich sanguinisch, phlegmatisch, cholerisch oder melancholisch. Meist besteht ein Haupttemperament mit zwei Nebentemperamenten.

Als Erwachsene können wir den freien Umgang mit allen vier Temperamenten lernen: Zum Brainstorming brauchen wir den einfallsreichen Sanguiniker in uns, das Durchhalten von Durststrecken verdanken wir der treuen Beständigkeit des Phlegmatikers, zum Durchsetzen eines Projektes lenken wir unseren Fokus auf die entschlossene Kraft des Cholerikers, der Melancholiker schließlich achtet auf unsere Bedürfnisse und gibt unserem Vorhaben Gehalt und Tiefe. So wird ein erfolgreiches Team die Mitarbeiter in ihren verschiedenen Qualitäten zum rechten Zeitpunkt einsetzen.

INFO:
VIER WANDERSLEUTE UND DIE TEMPERAMENTE

Vier Wandersleute waren unterwegs auf einem kleinen Weg im Wald ... da lag plötzlich ein großer und breiter Stein mitten auf dem bequemen Weg und behinderte die vier beim Weiterkommen:

Der Erste sieht den Stein und nutzt diesen Sonnenplatz für ein kleines Päuschen, bei dem er seine Vesper genießt. Danach macht er einen Bogen um ihn herum und geht gemütlich weiter seines Weges.
Das ist der Phlegmatiker.

Der Zweite sieht den Stein, lacht und denkt sich: »Ups, was haben wir denn da für ein Steinchen.« Dann hüpft er mit leichtem Fuß über den Stein hinweg und pfeift dabei noch ein fröhliches Liedchen.
Das ist der Sanguiniker.

Der Dritte bemerkt den Stein, zieht ein Gesicht und denkt sich: »Natürlich ... das passt zum heutigen Tag, wo sowieso schon alles schwierig war ... muss da so ein Stein liegen und mich beim Weiterkommen behindern ... so ein Pech trifft natürlich wieder nur mich hier im Wald.« Dann geht er langsam und etwas beleidigt wegen des Pechs, das ihn getroffen hat, um den Stein herum. Das ist der Melancholiker.

Der Vierte hat den Stein schon von Weitem bemerkt und misst das Hindernis mit den Augen. Er geht schnaufend drauf zu und wuchtet ihn unter großer Kraft und mit rotem Kopf zur Seite. Danach stapft er zufrieden mit sich selbst weiter, weil er so eine kraftvolle Tat vollbracht hat. Das ist der Choleriker.

Das Schulkind möchte in seinen künstlerischen Sinnen angesprochen werden. Es sucht die Schönheit in der Welt. Daher auch die oft gestellte Frage: »Hab ich das schön gemacht?«

So könnte das Motto für die Schulzeit lauten: »Die Welt ist schön!«. Das Schulkind braucht Erwachsene, die ihm die Welt filtern und so erklären, dass sie für seine Seele verdaulich wird. Hier finden wir auf der seelischen Ebene einen vergleichbaren Vorgang wie beim abzustillenden Säugling, dessen spitze Zähnchen deutlich zeigen, dass er bereit ist zur Aufnahme fester Nahrung. Trotzdem ist es selbstverständlich, dass wir ihn erst langsam mit leichtverdaulichem Möhrchengemüse und dann Schritt für Schritt an die weite Nahrungsmittelwelt heranführen. In diesem Sinne sind viele Nachrichten des Weltgeschehens im Schulalter noch nicht zu ertragen und einzuordnen.

Aus dem Leben: *Viele Kinder waren über Wochen bis ins Leibliche hinein verstört und verängstigt, weil sie immer wieder das – auch für Erwachsene – unfassbare Geschehen des Terroranschlages auf das World Trade Center am 9.11.2001 im Fernsehen anschauen mussten. Wie froh war ich damals, dass wir zu diesem Zeitpunkt noch keinen Fernseher hatten. Ich habe in dieser Zeit auch die Tageszeitung zensiert und die Artikel entfernt, von denen ich fand, dass sie von meinen Kindern noch nicht zu verdauen und in ihr kindliches Weltbild zu integrieren waren.*

Als Gegenbeispiel kann der Kinofilm »Das Leben ist schön« gelten, in dem ein Vater seinem Sohn, um ihn und seine Seele zu schützen, die schrecklichen gemeinsamen Erlebnisse im Zweiten Weltkrieg als Abenteuerspiel vermittelt. (»La vita è bella« ist ein italienischer Film von Roberto Benigni aus dem Jahr 1997.)

Das Schulkind sucht seinen Platz in seiner Welt. Es will sich einordnen in ihr. Daher kommt das Bedürfnis, sich zu vergleichen, sich zu messen, zu konkurrieren.

Das 10. Lebensjahr – das Ende der Kindheit

Etwa im 10. Lebensjahr verlassen wir das Wunderland unserer Kindheit und machen einen weiteren Schritt in Richtung Unabhängigkeit. Der Abschied war uns nur halb bewusst, gedrängt hat uns der große Wunsch, möglichst schnell erwachsen zu werden.

Bis dahin ist das Schulkind in seinem Gefühlsleben ganz bejahend in seine Umgebung eingebettet, es lebt in einem paradiesischen Zustand der emotionalen Einheit und Verbundenheit. Dann tritt eine innere Distanzierung auf, die die Voraussetzung für eine spätere seelische Unabhängigkeit darstellt. Dies war für uns ein sehr schmerzhafter Prozess, denn wir mussten erkennen, dass unsere Eltern, unsere Lehrer, überhaupt alle Erwachsenen auch Fehler haben, falsch handeln können, im Unrecht sein können. Die Kritikfähigkeit, die dann oft in eine wahre Kritiklust mündet, erwacht in dieser Zeit. Die Schulkinder fangen an, die Ungerechtigkeit zu erkennen, die in der Welt liegt. Oft fühlen sie sich ungerecht behandelt und unverstanden. In dem Gefühl des tiefen Verlassenseins begreifen sie sich als Ich in seiner ganzen Einsamkeit. Die Erkenntnis, dass jeder Mensch im Innersten allein ist, wird von jetzt an das Leben begleiten. Vor diesem Hintergrund können wir die Fragen an die Eltern verstehen, die auf einmal als echter innerer Zweifel auftauchen können: »Wer beweist mir, dass ich wirklich euer Kind bin? Vielleicht bin ich ja ein Findelkind und wurde vor eurer Tür abgestellt?« Die Endlichkeit des Lebens, der Tod tritt in die Erlebniswelt des Kindes.

Aus dem Leben: *Der Dirigent Bruno Walter beschreibt ein Erlebnis, als er zehn Jahre alt war, sinngemäß so: »Wie es kam, dass ich allein auf dem Schulhof stand, ist mir nicht mehr erinnerlich – vielleicht hatte ich eine Stunde des Straf-Nachsitzens hinter mir –, ich betrat den großen Hof, den ich nur erfüllt vom Lärm spielender und tobender Knaben gekannt hatte und der mir daher doppelt leer und* *verlassen erschien. Dort sehe ich mich stehen, überwältigt von der tiefen Stille, und, indem ich ihr lausche und dem leichten Wind, fühle ich, wie mir aus der Einsamkeit ein Unbekanntes, Mächtiges ans Herz greift. Es war meine erste Ahnung, dass ich ein Ich war, mein erstes Aufdämmern, dass ich eine Seele hatte und dass sie – von irgendwo her – angerufen wurde.«*

Zu diesem wichtigen Entwicklungsschritt gehört, dass sich jetzt unser Atemrhythmus und unser Herzrhythmus in ein ungefähres Verhältnis von 1 zu 4 in Ruhe ineinanderfügen. Vorher haben wir beim Kind schnellere und voneinander unabhängige Rhythmen. Damit hat sich im Körperlichen die Stabilität entwickelt, die für ein eigenständiges Gefühlsleben im Seelischen die Voraussetzung bildet. Beobachten wir Schulkinder in diesem Alter, ist deutlich, dass eine konzentrierte, selbstgeführte Lernhaltung erst möglich wird mit der inneren Sicherheit, die der gefundene Puls-Atem-Quotient schenkt. Erlitten wir in dieser empfindlichen Zeit durch übermäßige schulische Anstrengung, durch eine Trennung oder einen Verlust einen gefühlsmäßigen Schock, so kann dies eine Neigung zu einer späteren Herzschwäche oder Herzkrankheit besonders im Alter zwischen 49 bis 56 Jahren nach sich ziehen.

Aus dem Leben: *Jürgen ist ein erfolgreicher Informatiker, der immer selbstständig und emotional unabhängig gelebt hat. Seit er mit seiner jetzigen Frau seine große Liebe getroffen hat, leidet er unter starken Verlustängsten. Er setzt jetzt für sich die Beziehung und Familie an erste Stelle, tut alles für die Partnerschaft und den starken Wunsch, ein »Nest zu bauen«. Er bemerkt nicht, dass er zunehmend sein ganzes Leben allein auf seine Frau und die Familie abstimmt. Dann, völlig überraschend, beichtet ihm seine Frau, dass sie sich in einen anderen Mann verliebt hätte. Der einst überlegene und selbstsichere Informatiker bricht zusammen. Als er im Gespräch gefragt wird, ob er dieses Gefühl kenne, steigen Tränen in seine Augen und* *schluchzend erzählt er: »Bis zu meinem neunten Lebensjahr war ich glücklich und habe meinen Eltern vorbehaltlos vertraut. Dann überraschten sie mich ohne jede Vorwarnung – sie erklärten damals, um mich zu schonen – mit dem Umzug in ein anderes Bundesland am nächsten Tag. Ich war fassungslos und konnte meine Eltern nicht verstehen! Lange Zeit stand ich wie unter Schock und habe keine neuen Kontakte knüpfen können. Daher entschied ich mich dann auch für einen Beruf, in dem der Verstand regiert. Dem Thema Seele habe ich mich nie mehr gewidmet.« Im Gespräch fällt es ihm wie Schuppen von den Augen, dass er sich in der Liebe zu seiner Frau ganz schnell wieder in die emotionale Abhängigkeit der Kindheit hineingebracht hatte. Er verließ zunehmend die Position des erwachsenen Partners und wurde wieder zu dem neunjährigen Jungen, der vor nichts mehr Angst hatte, als dass es eine überraschende Trennung geben könnte. Er tat alles, um dies zu vermeiden, verleugnete zunehmend seine Bedürfnisse und wurde damit – dies konnte ihm natürlich nicht bewusst sein – für seine Frau zunehmend unattraktiv. Sobald Jürgen diesen Zusammenhang verstand, konnte er von seiner Hilflosigkeit Abstand nehmen und wurde wieder zu dem erwachsenen, handlungsfähigen Mann. Er entschied sich für ein interessantes Jobangebot in einer anderen Stadt und kam nur noch am Wochenende nach Hause. Es war zwar schwer für ihn, seine Frau nicht zu kontrollieren, aber in den Gesprächen, die an den Wochenenden zwischen ihnen möglich wurden, konnte sich die alte Liebe neu zeigen. Gelegentlich überfällt Jürgen die alte Verlassensangst wieder, doch er kennt jetzt die Zusammenhänge. Er nimmt dann seinen inneren neunjährigen Jürgen selbst fest an die Hand und erklärt sich die Situation. Wenn das nicht reicht, hat er mit seiner Frau verabredet, dass er sie anruft und sich erzählen lässt, was sie gerade macht. Da er lernt, sich und seine Gefühle ernst zu nehmen, löst eine glaubwürdig souveräne, ruhige Ausstrahlung die ehemals etwas übertriebene Selbstsicherheit ab.*

Gegen das zwölfte Lebensjahr kann ein deutliches Gefühl für eine Berufung auftreten, für das, was man einmal »werden möchte« im Leben. Etwa im selben Alter erwacht mit der Vorpubertät der Eros. Eine platonische Verliebtheit mit zärtlicher Hingezogenheit zu einem Freund, einer Freundin, gleichaltrig, älter oder erwachsen, gleich- oder gegengeschlechtlich, kann auftreten.
Diese tiefe, reine, seelische Liebe zu einem anderen Menschen ohne die Wirren der sexuellen Leidenschaft kann den Boden geben, um auch später in einer Liebesbeziehung immer wieder an diese Begegnungsmöglichkeit von Mensch zu Mensch anzuknüpfen. Wird diese reine Liebe nicht verstanden, sexualisiert oder gar missbraucht, können tiefe seelische Beziehungsstörungen und Verletzungen zurückbleiben.

ZUR EIGENARBEIT: ERFORSCHEN SIE IHRE SCHULZEIT

Fragen zum 2. Jahrsiebt

1. Wie war Ihre Familienkonstellation?
2. Wie war Ihre Beziehung zur Mutter, wie zum Vater, wie zu den einzelnen Geschwistern?
3. Wer war Ihre wichtigste Bezugsperson?
4. Welche Normen und Werte waren in Ihrer Erziehung wichtig?
5. Welche Normen hatten positive Folgen in Ihrem späteren Leben, welche hatten negative?
6. Was empfinden Sie heute als positiv, was als negativ? Wie empfanden Sie das damals?
7. Wie war in Ihrem Leben das Verhältnis von Begrenzung und Freiheit? Hatten Sie genügend freien Bewegungsraum zum Spielen?

8. Sind Sie gerne in die Schule gegangen?
   Welche Fächer mochten Sie, welche nicht?
9. Gab es einen Lehrer, der Sie geprägt hat?
10. Was haben Sie in den Ferien gemacht?
11. Haben Sie Freundschaften geschlossen?
    Was haben Sie mit den Freunden unternommen?
12. Hatten Sie Pflichten zu erledigen?
    Hatten Sie Taschengeld?
13. Womit haben Sie Ihre Freizeit verbracht?
    Haben Sie künstlerische Interessen oder Hobbys verfolgt?
14. Welches Temperament haben Sie entwickelt?
15. Hatten Sie besondere Erlebnisse in Ihrem 10. und 12. Lebensjahr?
16. Was waren Ihre Berufswünsche?
    Gab es das Gefühl einer Berufung?
17. Hatten Sie das Gefühl, dass man Ihnen zuhört und Sie versteht?
    Standen Ihre Eltern auch in schwierigen Situationen hinter Ihnen?
18. Wurden Ihre Gefühle wahrgenommen und respektiert?
19. Gab es Erkrankungen, Unfälle, Schocks in diesem Lebensalter?
20. Welche Kräfte oder Behinderungen resultieren aus dem 2. Jahrsiebt
    für das spätere Leben?

Malaufgabe zum 2. Jahrsiebt:

Malen Sie Ihre Situation in diesem Lebensabschnitt als Landschaft.

Waren wir in unserer Kindheit vor allem durch unsere häusliche Situation geprägt, so verbinden wir uns in der Schulzeit mit unserer Umgebung. Meist bildet sich in dieser Zeit unser Heimatgefühl aus. Mit dieser Malaufgabe können Sie sich die Landschaft bewusst machen, die Sie mit den tiefen Ressourcen verbindet, die im Heimatgefühl liegen.

3. JAHRSIEBT: JUGEND

Mit der Geschlechtsreife tauchen in unserer Seele Stimmen und Stimmungen in allen Farben auf, die wir so vorher noch nicht kannten. Aus der Trieb- und Instinktebene können sie mit lauter, fordernder Deutlichkeit in uns aufsteigen. Auf der Gefühlsebene können sie sich in ungeahnter Heftigkeit und Vereinnahmung zeigen. Auf der Geistesebene können sie uns als begeisternde Ideale erfüllen, denen wir mit ganzer Kraft folgen wollen.
Diese verschiedenen Stimmen, unsere Wünsche, unsere Bedürfnisse und unsere Aufgaben kennenzulernen, zu sortieren, zu integrieren oder auszugrenzen, ist die Aufgabe dieses Lebensabschnittes zwischen 14 und 20 Jahren.

Wegen Umbau geschlossen!

Mit dem Eintritt in die Pubertät beginnt eine ganz neue und herausfordernde Zeit für den Jugendlichen – und auch für seine Umgebung. Als Heranwachsende hätten wir wohl alle den Satz unterschrieben: »Pubertät ist die Zeit, in der die Eltern schwierig werden!« Denn im großen Unterschied zum Schulkind, bei dem die Gefühle und Stimmungen in der Regel vorhersehbar und nachvollziehbar sind, tritt mit der Geschlechtsreife ein neues launisches, unbeherrschtes, provozierendes Gefühlsleben zum Vorschein. In der jugendlichen Seele tauchen viele Stimmen auf, die in verschiedene Richtungen rufen. Inzwischen wissen wir, dass im Gehirn in diesem Alter nachweislich chaotisierende Prozesse stattfinden, damit sich neue Synapsen, also neue Verbindungen im Gehirn, bilden können. Diese machen die Entwicklung zu einer eigenständigen Persönlichkeit erst möglich. Es wäre für die Umgebung hilfreich, wenn sie auf der Stirn des Jugendlichen ein Schild mit der Aufschrift »Wegen Umbau geschlossen!« sehen könnte.

Die Jugendzeit, in der der eigene Charakter auftaucht und uns und unsere Umgebung manches Mal überrascht hat, ist so komplex und individuell in ihren Chancen und Gefahren, dass die folgenden Gesichtspunkte nur einen Einstieg in das Thema bedeuten können. Unsere Persönlichkeit bildet sich an Erfahrungen aus und dabei sind die sogenannten schlechten Erlebnisse besonders prägend. Wenn wir diese Zeit erfolgreich durchlebt haben, entwickelt sich aus der Erlebnisbreite ein wachsendes Gefühl von Vertrauen in das Leben.

Aus dem Leben: *Es gab eine Zeit, da habe ich lieber die Vormittage kartenspielend in der Kneipe verbracht, als in die Schule zu gehen. Da meine Eltern mir dafür keine Entschuldigungen schrieben, unterschrieb ich selbst mit der Unterschrift meiner Mutter. Ganz wohl fühlte ich mich nicht dabei. Aber wenn man so etwas begonnen hat, muss man es ja – wie nach einem inneren Gesetz – immer weiter tun. Eines Tages wurden mein »Schwänz-Kumpan« und ich zum Direktor gerufen. Ich sollte einen Direktoratsverweis bekommen. Mein Direktor war wenig vorbereitet auf das Gespräch, denn er dachte, ich sei schon 18, und wollte, dass ich den Verweis gleich selber unterschreibe. Ich rief: »Ich bin noch nicht 18!« »Ja dann musst du den Verweis von deinen Eltern unterschreiben lassen«, antwortete er. Mein damaliger Freund war entsetzt über meine Dummheit, mich zu verraten, denn dasselbe galt auch für ihn. Mich ergriff dagegen ein großes Gefühl der Erleichterung. Die wachsende Schuld rollte wie ein großer Felsblock von meinen Schultern. Endlich kam alles ans Licht. Endlich musste ich die Wahrheit sagen. Endlich konnte ich aufhören mit dem Fälschen der Unterschrift und dem Schwänzen der Schule. Allein hätte ich damals noch nicht die Kraft gehabt, mich abzuwenden von dem »Bösen«, in dessen Fänge ich geraten war. Selten in meinem Leben war ich so dankbar wie in diesem Moment.*

Jungen und Mädchen in der Pubertät

Der große Wachstumsschub in der Pubertät bewirkt, dass die Arme und Beine unverhältnismäßig lang werden. Vor allem die Jungen erscheinen ungelenk und schlaksig und müssen sich mit ihrer neuen Körperlichkeit noch anfreunden. Am liebsten lümmeln oder liegen sie auf der Couch. Haben sie die Möglichkeiten der wachsenden körperlichen Kraft entdeckt, werden die Muskeln trainiert, und sie genießen dann dieses neue Körpergefühl. Ihrer körperlichen Präsenz und Kraft sind sie sich allerdings oft lange nicht bewusst. Als mein Sohn 15 Jahre alt war, geschah es häufiger, dass er mich, wenn ich im Gang zwischen Esszimmertisch und Küchentür stand, auf dem Weg in die Küche unsanft anrempelte. »Hallo, siehst du nicht, dass ich hier stehe?«, rief ich dann empört. »Doch«, erwiderte er, »jetzt, wo du es sagst, eigentlich schon. Tut mir leid, ich wollte dich nicht rempeln.«

Die Jungen scharen sich gerne in Gruppen zusammen, in denen der Einzelne geschützt untertauchen kann. In der Gruppe fühlen sie die gemeinsame Stärke, in der sie die persönliche innere Unsicherheit lautstark überspielen können. Dieses meist harmlose Genießen der Macht kann, wenn das Selbstbewusstsein zu gering ist oder der Jugendliche sich nicht eingebunden fühlt in seiner Familie, in Gewalt und kriminelles Verhalten ausarten. Mir kamen einmal drei Jugendliche breitschultrig in ihren übergroßen Klamotten, kraftstrotzend, den ganzen Bürgersteig einnehmend im breiten Schritt entgegen. Ich überlegte kurz, wie ich reagieren sollte, und entschied mich ehrlich zu sein: Ich legte die Hand aufs Herz und rief: »Jungs, ihr jagt mir aber große Angst ein!« Erschrocken wichen sie zur Seite. Ich sah förmlich die gemeinsame Kraft wie bei einem löchrigen Luftballon entweichen. »Wir wollten Sie doch niemals erschrecken, entschuldigen Sie bitte!«, sagte einer für alle und sie ließen mich in der Mitte durchgehen.

Die Mädchen erblühen in ihrer Weiblichkeit. Sie müssen lernen umzugehen mit der Wirkung, die sie plötzlich auf die Männerwelt ihrer Umgebung haben. Viele sind sich dieser Wirkung lange nicht bewusst, andere werden unsicher oder beschämt, manche setzen diese Wirkung sehr bewusst ein, um das zu bekommen, was sie wollen. Das Spiel zwischen Mann und Frau, zwischen Anziehung und Ablehnung beginnt. Bei den Mädchen besteht die Gefahr, dass sie zu sehr dem Schön-sein-Wollen und der Erotik verfallen.

Die subjektive Gefühls- und Fantasiewelt nimmt bei den Mädchen einen großen Raum ein. So war ich in dieser Zeit vor allem damit beschäftigt, glücklich verliebt oder unglücklich »entliebt« zu sein und mich dem großen, zeitlosen Traum vom Prinzen zu widmen, der auf einem weißen Pferd angaloppiert kommt, um das Mädchen aus seiner Familie rauszuholen und damit zu erlösen in eine gemeinsame herrliche Zukunft.

Die Mädchen treten oft mit großer Selbstsicherheit auf und übernehmen dank ihres Einfühlungsvermögens und ihrer Fürsorge viel Verantwortung. Sie selbst und ihre Umgebung werden dann überrascht, wenn sie plötzlich hilflos ihren überschwemmenden, kapriziösen, launenhaften Emotionen ausgeliefert sind. Die Stimmung kann schwanken zwischen »himmelhoch jauchzend« und »zu Tode betrübt«.

Verliebt – bis der Spiegel springt

Mit der Pubertät erwacht die Sehnsucht nach dem anderen Geschlecht, verstärkt durch die Empfindung: »Ich bin halb ohne den Anderen.« In Zeiten der Verliebtheit wird diese Einsamkeit überwunden. Erinnern wir uns daran, wie wir damals eng umschlungen an der Bushaltestelle standen? Es schien uns, wir könnten zu einer Einheit verschmelzen. Diese scheinbare Einheit und große

Liebe konnte dann aber völlig überraschend durch ein falsches Benehmen, durch ein falsches Wort plötzlich wie ein Spiegel zerspringen. Ich erinnere mich noch gut, was ich mir nachträglich an Gründen ausgedacht habe, um dem Jungen, mit dem ich gerade »ging«, verständlich zu erklären, dass die Liebe vorbei war. Für mich selbst war es ja auch rätselhaft, dass mit einem Mal alles an Gefühl in mir weg war. Es galt zu lernen, dass diese wunderbaren Gefühle, die unser Leben so vereinnahmen konnten, gleichzeitig recht wankelmütig waren. Dazu kam die starke erotische und sexuelle Anziehungskraft, die uns manches Mal über die gegenseitige Sprachlosigkeit hinweghalf.

Dieses Schwanken und Wanken der Gefühlswelt wird verständlich, wenn man weiß und sich bewusst macht, dass mit der Pubertät zwar die Seelenkräfte erwacht sind, ihnen aber noch die zuverlässige Steuerung durch das Ich fehlt.

Jungen und Mädchen müssen auf unterschiedliche Weise mit den aufbrausenden Gefühlen und Trieben umgehen lernen. Für die jungen Männer besteht die Aufgabe oft darin, zu lernen, die stürmischen Triebe von der zarten, innigen Zuneigung zum anderen Geschlecht zu unterscheiden und beides in ihr Gefühlsleben zu integrieren. Die Mädchen sind häufig von ihren Gefühlen verwirrt und haben es schwer, eine Schwärmerei von einer echten Verliebtheit zu unterscheiden.

In unseren ersten Liebesbeziehungen mussten wir – egal ob Junge oder Mädchen – vieles erst schmerzlich erleben, um es zu begreifen. An- und miteinander fanden wir heraus, was wir voneinander brauchten und was nicht, wo wir Kompromisse schließen konnten und wo nicht. Jungen brauchen Zeit, sich dem Thema Ehrlichkeit und Treue zu stellen. Mädchen erleben, wie stark und einfach sie die Jungen und Männer mit ihrem Aussehen und ihrer Selbstdarstellung anziehen und auch manipulieren können. In diesen Wogen der Gefühle und Hormone zu innerer Authentizität zu finden, ist ein weiter und oft schwieriger Weg. Manchmal musste man sich erst trennen, um dann aus der Entfernung zu erkennen, was man aufgegeben hatte. Manche treffen schon in dieser Zeit auf die Liebe ihres Lebens.

Ideale als Kompass auf stürmischer See

Was dem Jugendlichen in diesem Sturm der Gefühle hilft, sind Ideale. Denn so groß wie seine Sehnsucht ist, durch die Liebe zu einem Freund, einer Freundin wieder »ganz« zu werden, so groß ist auch seine versteckte Sehnsucht nach dem »verlorenen Paradies«: Die Jugendlichen spüren unterbewusst, dass sie mit dem Eintreten in die Geschlechtsreife endgültig in der irdischen Welt angekommen sind. Sie ahnen, dass sie sich mit Idealen, Tugenden oder einem Glauben mit diesem Paradies rückverbinden können.

STÄRKUNGSJOKER: DIE DREI GROSSEN FRAGEN

Um den Kontakt zum verlorenen Paradies zu pflegen, ist es gemäß der positiven Psychotherapie, begründet von Prof. Dr. med. Nossrat Peseschkian, wichtig, sich mit den drei großen transzendentalen Fragen des Lebens auseinanderzusetzen:

- Wo komme ich her?
- Warum bin ich hier?
- Wo gehe ich hin?

Wir müssen diese Fragen nicht für uns beantworten können oder uns gar für eine Glaubensrichtung entscheiden. Mit ihnen bewusst zu leben, unterstützt unsere Gesundheitsbalance.

Es ist nicht Aufgabe des Jugendlichen, seine Ideale umzusetzen, er darf sie träumen, diskutieren, in ihnen schwelgen. Er will die Welt verbessern und wo fängt er damit an? Natürlich zu Hause am Esstisch seiner Familie. Lähmend für seine Seele ist es, wenn er dort auf Erwachsene stößt, die ihm resigniert und von der Welt »zurechtgestutzt« erwidern: »Werde erst mal so alt wie wir! Dann wirst du schon merken, dass das alles wilde Illusionen sind!« Erinnern Sie sich an dieses Gefühl, als hätte jemand eine große schillernde Seifenblase platzen lassen und aller Zauber sich in Nichts aufgelöst? Kommt dann noch ein »Siehst du, ich hab es dir ja gleich gesagt!«, besiegelt dies einen unangemessenen Triumph der Erwachsenenwelt.

In der Pubertät besaßen wir das Privileg, zu fragen, zu diskutieren, anzuklagen, zu verstehen, zu analysieren, zu verurteilen, nach dem Sinn in allem zu forschen. Es ist das Vorrecht der Jugend, schwarz-weiß zu denken. In dieser Kompromisslosigkeit liegt das Potenzial, mit dem schon oft erfolgreich in der Geschichte Widerstand und Revolutionen gegen ein bestehendes System geführt wurden. So kann als Motto für diese Lebenszeit die Frage gelten: »Wo ist die Welt wahr?«

Auf der Suche nach Authentizität

Die jugendliche Entwicklung wird von Lehrern und Eltern positiv unterstützt, die nicht nur noch ihre Rollen spielen, die nicht nur noch funktionieren bis zum Rentenalter, sondern die weiterhin Fragen an das Leben haben. In den Diskussionen mit ihnen kann der Jugendliche spüren, dass sie auf ihrer Wissens- und Erfahrungsebene nicht stehenbleiben, sondern weitergehen wollen. Gelingt es, den Jugendlichen für die Welt zu interessieren, ihn in Projekte einzubinden, bei denen er an einer kleinen Stelle etwas in der Welt bewegen kann, wird ihm das die Zuversicht und den Mut für seine eigene Zukunft geben, die er dringend braucht.

Um das eigene Zentrum zu stärken, muss der Jugendliche seine Umgebung abstoßen, ja oft auch provozieren. Denn er braucht die deutliche Abgrenzung von seiner Umgebung, um zu sich selbst zu kommen.

ENTWICKLUNGSJOKER: DAS UNMÖGLICHE DENKEN

Wenn Sie das nächste Mal etwas an sich oder Ihrer Lebensumgebung verändern wollen, dann erinnern Sie sich an die radikale Kraft Ihrer Jugend. Nehmen Sie im ersten Schritt einen Stift und Zettel zur Hand, und erlauben Sie sich die extremen Positionen des kompromisslosen Schwarz-Weiß-Denkens. Wagen Sie, Ihre Grenzen weit zu dehnen, ja sie vielleicht auch zu sprengen.

Denn nur wenn wir es uns erlauben, das Unmögliche zu denken, kann sich in dem Kompromiss, den wir dann im zweiten Schritt suchen werden, eine wirklich neue Färbung durchsetzen.

Wie der Nordpol für die Kompassnadel

In unserem leiblichen und seelischen Wohlergehen sind wir im dritten Jahrsiebt weitgehend unabhängig. War zum Beispiel die Stimmung zu Hause katastrophal, tauchten wir einfach unter und kamen erst wieder, wenn »die Luft rein war«. Wir waren erfüllt von der starken Sehnsucht nach jemandem, der sich wirklich für uns interessierte, der bei allen Fehlern, die wir machten, bei all unserer Unfertigkeit, die wir selber unangenehm spürten, immer wieder nach uns fragte.

Gibt es jemanden, der dem jungen Menschen den Spiegel vorhält, ihn mit den möglichen Folgen seiner Taten konfrontiert, der

STÄRKUNGSJOKER: WER WAR IHR VORBILD?

Können Sie sich an ein prägendes Vorbild aus Ihrer Jugend erinnern? Was hat Sie damals besonders beeindruckt? Oft schlummern diese menschlichen Qualitäten auch in uns. Nutzen Sie sie ab jetzt bewusst in Ihrem Alltag! Machen Sie sich klar, dass Sie zu sich und anderen ein solches Verhältnis pflegen können: Im inneren Zwiegespräch und im Umgang mit anderen können Sie je nach Situation liebevoll, verstehend, subjektiv mütterlich oder objektivierend, differenzierend, sachlich väterlich agieren.

immer wieder in gemeinsamen Gesprächen anknüpft, ihm immer wieder die Hand reicht? Wie der Nordpol der Kompassnadel erst ihre Ausrichtung und Orientierung auf dem Kompass ermöglicht, so besteht in der Jugend diese »geistige« Abhängigkeit. Hier sind Vorbilder gefragt, an denen sich der junge Mensch täglich ausrichten, reiben, abstoßen kann.

In den höheren Schulklassen sucht und fordert der Jugendliche den Lehrer, der Selbstreflexion pflegt, der gewohnt ist Dinge, Vorgänge und Inhalte zu objektivieren. Der Lehrer wird geschätzt, der einen Sachverhalt von verschiedenen Seiten zu durchdringen vermag und dabei gleichzeitig der oft noch stark gefühlsmäßig orientierten und einseitigen Meinungsbildung der Jugendlichen Raum gibt. So findet der Jugendliche mit seiner stürmischen Seele Orientierung, Begrenzung und Halt. Er kann sich reiben und messen auf seinem Weg hin zu einem urteilsfähigen und somit mündigen jungen Erwachsenen.

Aus dem Leben: *Wenn ich heute versuche, meinen jugendlichen Kindern gerecht zu werden, denke ich an meinen Lehrer aus dem Kunstleistungskurs. In diesem Kunstkurs gab es einen besonders krea-*

tiv begabten Mitschüler, der bei uns hochachtungsvoll »Beuys« genannt wurde. Ich war wenig kreativ begabt, verstand es aber, Bilder zu betrachten, zu interpretieren, das Besondere zu sehen und sie in die Kunstgeschichte einzuordnen. Der Benotung unserer Facharbeit sah ich wegen meiner mangelnden künstlerischen Begabung etwas besorgt entgegen. Doch wider Erwarten bekamen Beuys und ich die höchste Punktzahl und mein Lehrer konnte dies differenziert begründen. Diese geistige Offenheit jenseits persönlicher subjektiver Vorlieben hat mich damals tief beeindruckt und ist für mich noch heute prägendes Vorbild.

Die eigene Urteilsfähigkeit, die es jetzt zu erringen gilt, setzt einen Lernprozess voraus, der aus eigenen Erfahrungen, Fehlern, Niederlagen, Auseinandersetzungen und klärenden Diskussionen besteht. Dieser Prozess führt in die Mündigkeit, die diesen Lebensabschnitt abschließt. Ab jetzt können wir, wenn wir wollen, aus unserem Ich als dem Zentrum unserer Seele heraus handeln.

Erster Mondknoten: Wo geht es hin?

In der Biografiearbeit wird die astronomische Stellung von Sonne und Mond am Himmel zum Zeitpunkt der Geburt Mondknoten genannt. Sie wiederholt sich alle 18 Jahre, 10 Monate und 7 Tage. Stellen wir uns das Leben als Bühne vor, auf der wir das Lebensstück spielen, so gibt es da einen dicken Vorhang, der den Zugang zur hinteren Bühne verdeckt. Wenn er sich zur Mondknotenzeit öffnet, stehen wir in Verbindung zu unserem Unbewussten. Dieser hintere Raum lässt uns empfänglich werden für die Aufgaben und Fragen, die wir für uns, für unser Leben mitgebracht, aber mit der Geburt leider vergessen haben. Vielen Menschen bleibt nur das verschwommene Gefühl, dass sie sich etwas ganz Bestimmtes vorgenommen haben für dieses Leben, nämlich ihre ureigene Lebensaufgabe. Die meisten sind in dieser Beziehung völlig unbeschwert.

Sie werden nicht selten in der Mondknotenzeit durch innere oder äußere Ereignisse auf die Frage nach dem Sinn ihres Lebens gestoßen. Manchmal trifft uns ein Ereignis genau am Mondknoten wie ein Paukenschlag, meist handelt es sich aber um einen größeren Zeitraum. So kann sich ein Mondknoten bis zu einem Jahr vorher ankündigen und auch entsprechend lange ausklingen. Er kann aber auch völlig unbemerkt an uns vorübergehen, wenn wir im Einklang mit unserer Lebensaufgabe leben. Den ersten Mondknoten finden wir im Zeitraum von 18 ½ Jahren, den zweiten mit 37, den dritten mit 56 Jahren und den vierten mit 74. Auf sie wird an entsprechender Stelle eingegangen.

Aus dem Leben: *Helmuts Eltern sind geschieden. Er ist genau 18½ Jahre alt, als sein Vater ihn um eine Bürgschaft bezogen auf sein ererbtes Vermögen für eine berufliche Selbstständigkeit bittet. Seine Mutter setzt alles daran, dies zu verhindern und droht als Konsequenz an, Helmut daheim rauszuschmeißen. Natürlich unterschreibt Helmut die Bürgschaft und muss am selben Tag seine Koffer packen und vorübergehend zu seiner Großmutter ziehen. Der Vater geht bankrott, die Mutter hatte also mit ihrer Sorge Recht behalten.*

Helmut hatte diese alte Geschichte ganz vergessen. Er ist heute 37½ Jahre alt und will sich gerade selbstständig machen. Er ist verheiratet und hat einen kleinen Sohn. Seine Frau hat Vorbehalte geäußert, sie sorgt sich, ob Helmut genug Geld verdienen wird. Diese Situation löst bei Helmut große Trennungsängste aus, die er nicht nachvollziehen kann. Im biografischen Gespräch hört er, dass er sich gerade in seinem zweiten Mondknoten befindet, und wird nach dem ersten gefragt. Da erinnert er sich schlagartig an die alte Geschichte.

Damals hatte die Mutter ihn mit dem brüsken Rausschmiss sehr erschreckt und verletzt. Er hatte sich von ihr im Stich gelassen gefühlt. Diese Trennungsangst stieg jetzt wieder in ihm hoch. Daneben war die große Angst, ihm könne es genauso ergehen wie dem Vater mit seiner

Pleite damals. Jetzt konnte er seine aktuellen, übertriebenen Gefühle zuordnen. Es war ein alter Schmerz, der von der nachvollziehbaren Sorge seiner Frau angestoßen wurde. Und auch die Versagensangst war unbegründet, wie eine weitere Prüfung seiner Zukunftspläne ergab. Er fand so zu seiner Zuversicht zurück und konnte jetzt auch seine Frau einbeziehen. Zur Sicherheit verabredeten sie weitere, halbjährige Gespräche mit ihrem Finanzexperten.

Wir fragten uns mit 18, also zur Zeit des ersten Mondknotens: »Wo gehts hin? Was ist der Sinn meines Lebens? Was ist meine Aufgabe im Leben? Was will ich werden?« Zusammengefasst ist das die Frage nach unserer Berufung und wie wir sie in einem Beruf verwirklichen könnten. Glücklich waren die, die schon eine genaue Berufsvorstellung hatten. Wir Anderen wussten nur: Zu Hause würden wir diese Frage nicht beantwortet bekommen! Was wollten wir denn mit unserem Leben? Wo zog es uns hin? Gab es da eine versteckte Berufung? Viele von uns haben diese Frage zunächst pragmatisch beantwortet und beispielsweise eine kaufmännische Lehre oder irgendein Studium begonnen. Wie war es bei Ihnen? Waren es finanzielle Zwänge oder festlegende Traditionen oder konnten Sie wirklich aus innerer Motivation eine Berufsausbildung ergreifen?

Aus der Gehirnphysiologie wissen wir, dass in der Zeit zwischen 18 und 21 der menschlichste aller Gehirnanteile, der Stirnlappen, sich neu differenziert. Hier liegt die physische Basis für unsere ethischen und moralischen Lebensgrundsätze. Oft tritt zu Beginn einer neuen Entwicklung ein Rückschritt ein. So geben sich manche Jugendliche, trotz bestandenem Abitur, in dieser Zeit kindisch wie seit Jahren nicht mehr. Andere spüren, dass sie jetzt selbst die Verantwortung für ihr Leben haben, und scheuen davor zurück. Dann kommt der Zeitpunkt, da merken wir im Gespräch und im Augenkontakt: Jetzt steht uns ein Mensch mit eigener Haltung und Entschiedenheit in seinem Ich sein gegenüber.

ZUR EIGENARBEIT: ERFORSCHEN SIE IHRE JUGEND

Fragen zum 3. Jahrsiebt

1. Wie haben Sie den Zeitraum der Pubertät erlebt?
2. Sind Sie weiter auf die Schule gegangen oder haben Sie mit einer Ausbildung begonnen?
3. Wann und wie haben Sie sich für Ihren Beruf oder für Ihr Studium entschieden?
4. Fühlten Sie sich in diesem Entscheidungsprozess von Ihren Eltern unterstützt?
5. Wie war die Beziehung zu den Eltern?
   Wie war die Beziehung Ihrer Eltern zu Ihrem festen Freund, Ihrer festen Freundin?
6. Womit haben Sie Ihre Freizeit verbracht?
   Was hat Ihnen Freude gemacht?
7. Gab es Menschen, die für Sie Vorbild waren?
8. Konnten Sie sich frei entwickeln oder fühlten Sie sich von Ihren Eltern oder anderen Menschen eingeschränkt?
   Hatten Sie genügend innere Freiheit?
9. Welches waren Ihre Ideale? Welches Ihre Idole?
10. Wie sind Sie mit dem Erwachen Ihrer Sexualität umgegangen?
    Wie erlebten Sie Ihre erste große Liebe?
    Wie hielten Sie es mit der Wahrheit und der Treue in Ihren ersten Liebesbeziehungen?
11. Hatten Sie Erfahrungen mit Rauchen, Alkohol, anderen Drogen?
12. Gab es einen Freundeskreis, in dem Sie sich aufgehoben fühlten?
    Hatten Sie einen festen Freund, eine Freundin?
13. Kannten Sie jemanden, bei dem Sie sich verstanden fühlten?

14. Welche Menschen haben Sie in dieser Zeit stark beeinflusst, im Positiven und im Negativen?

15. Wie sind Sie mit der Wahrheit umgegangen?

16. Erinnern Sie sich an Depressionen oder Selbstmordgedanken in dieser Zeit?

17. Haben Sie sich in dieser Phase als Mensch weiterentwickelt oder wurden Sie in Ihren Absichten zurückgedrängt?

18. Gab es im 19. Lebensjahr wichtige neue innere oder äußere Impulse?

19. Wann sind Sie von zu Hause ausgezogen?
Konnten Ihre Eltern Sie freudig und zuversichtlich entlassen?
Konnten Sie Ihre Eltern loslassen oder mussten Sie sich Sorgen um sie machen, wenn ja welche?

20. Welche Kräfte oder Behinderungen haben Sie für Ihr weiteres Leben geprägt?

Malaufgabe zum 3. Jahrsiebt

Malen Sie sich in Ihrem 18. Lebensjahr als Blume.

Zum Bild: Eine Blume ist übrigens kein Baum und auch kein Strauch. Es ist ein deutlicher Unterschied, ob Sie sich beispielsweise für eine kleine Frühjahrsblume entscheiden, ein Schneeglöckchen, das noch in der letzten Winterzeit nah am Boden sein weißes Glöckchen mit grünem Saum in zarter und bescheidener Manier trägt. Oder im Sommer für eine Sonnenblume, die hochgewachsen in der Fülle der Sonne leuchtend gelb strahlt.

Ja, Sie dürfen auch eine Fantasieblume malen!

Den Sinn im Leben finden oder mein Leitmotiv verwirklichen

Stellen wir uns unser Leben in seinem Verlauf als ein Haus vor, dann haben wir in den ersten drei Lebensabschnitten der Kindheit, Schulzeit und Jugend die drei Räume des Erdgeschosses bezogen und eingerichtet. Auf ihnen stehen wir unser ganzes Leben. Sie bilden unser Fundament und prägen unseren Umgang mit der Welt.

Gleich einer weiten Freitreppe werden wir vom Leben eingeladen, die drei Seelenräume unseres ersten Stocks, die Belle Etage des Lebens, zu entdecken und zu beziehen. Der Lebensmittelpunkt der Zwanziger liegt im Raum der Empfindungsseele, unserem Wohnzimmer, jener der Dreißiger im Raum der Verstandesseele, unserem Arbeitszimmer. Den dritten Raum, den gilt es dann später zu erklären und für manche von uns überhaupt erst zu entdecken: Es ist der Raum der Bewusstseinsseele – unser Atelier. In den Vierzigern können wir mit dem Dachausbau beginnen, Verantwortung für unser Leben übernehmen und unsere Lebensziele verwirklichen.

4. JAHRSIEBT: AUSBILDUNG UND BERUFSEINSTIEG

In diesen Lehr- und Wanderjahren im Alter von 21 bis 27 ziehen wir in die Welt, um unser Glück zu finden. Um uns und das weite Spektrum unserer Gefühle, eben unsere Empfindungsseele, kennenzulernen, gilt es, manche Prüfung zu bestehen.
Es gibt aber auch Lebenssituationen in diesem Alter, die ganz anderes von uns fordern. So musste mancher Sohn, dessen Vater aus dem Krieg nicht heimgekommen war, sogleich arbeiten, um die Familie zu versorgen. Manche Tochter musste sich um die jüngeren Geschwister kümmern.

Taucht in den Vierzigern das Gefühl auf, etwas verpasst zu haben, hängt das oft damit zusammen, dass Sie keinen Raum hatten für die

Ausgelassenheit der Zwanziger. Dann könnten Sie sich fragen, wie man die Sehnsucht später adäquat stillen kann.

Aus dem Leben: *Als Doris 24 war, starben ihre Eltern bei einem Autounfall. Sie übernahm den häuslichen Betrieb und die Erziehungsverantwortung für die vier jüngeren Geschwister. Heute mit 45 fragt sie sich, wie sie für sich die Unbeschwertheit und Freiheit der Zwanziger nachholen könnte. Im gemeinsamen Gespräch erinnert sie sich an ihre alte Leidenschaft, im Chor zu singen, die sie mit dem Tod der Eltern aufgegeben hatte. In einem Chor, der durch Musikprojekte mit Russland verbunden ist, hat sie ihr Singen wieder aufgenommen. Sie hat bei den regelmäßigen gegenseitigen musikalischen Besuchen Freundschaften geschlossen. In ihrer Begeisterung lernt sie jetzt auch Russisch. Sie ist erfüllt davon, diese neue Kultur immer besser kennenzulernen und zu verstehen.*

Das Erlebnis zählt

In der Zeit der Zwanziger leben wir bevorzugt im Raum der Empfindungsseele. Es ist die Zeit der großen Gefühle, der Sinnlichkeit, der Romantik. Jetzt werden die Freundschaften geknüpft, die oft ein Leben lang halten. In den Ferien zieht es uns in den Süden, da wir hier auf Menschen und ein Klima treffen, das der Sehnsucht unserer Seele nach Freiheit, nach erlebter Gegenwart Nahrung gibt. Es schiebt sich kein bremsender, distanzierender, objektivierender Verstand in den Weg, wie er ab 30 zu unserem Lebensführer wird.

Die Zwanziger sind auch die Lebenszeit der großen, weiten, langen Reisen. Wir wollen dabei nicht primär die Welt kennenlernen, sondern uns selbst in der Welt entdecken. Manch einer möchte sich von diesem Lebensgefühl aus Abenteuer und Ungebundenheit nicht verabschieden und findet seinen Platz als Tauchlehrer im Sommer und Skilehrer im Winter.

ENTWICKLUNGSJOKER: SUCHEN SIE MINI-ABENTEUER

Vermissen Sie manchmal dieses spezielle und besondere Lebensgefühl aus Freiheit, Abenteuerlust und Unabhängigkeit der Zwanziger? Haben Sie das Gefühl, es zu wenig gelebt zu haben? Dann lassen Sie sich von den folgenden Ideen inspirieren: Legen Sie am Wochenende oder im Urlaub für einen Tag Ihre Uhr beiseite, und lassen Sie sich einfach durch den Tag treiben. Spüren Sie dabei in sich hinein: Wo zieht es Sie hin, wo möchten Sie verweilen? Wen möchten Sie unverhofft besuchen? Was könnte Ihnen gut tun an diesem zeitfreien Tag?

Oder fahren Sie in eine neue Stadt und entdecken Sie sie für sich ohne Reiseführer und zunächst auch ohne Stadtplan. Welche Kirche lädt Sie zu einem Besuch ein? In welchem Kaffee wartet Ihr Cappuccino? Welche Abzweigung führt Sie ins Grüne eines Parks? Welche Geräusche nehmen Sie wahr? Welche Gerüche gehören anscheinend hierher? Welcher Ausdruck liegt in den Gesichtern der Menschen, die hier wohnen? Gibt es Spielplätze für die Kinder? Finden Sie den Fluss? Spüren Sie schon das Besondere dieser Stadt, ihren Zauber? Nach einiger Zeit können Sie den Stadtplan dazunehmen und die Entdeckungstour fortsetzen.

Solche kleinen Abenteuer setzen in uns Kräfte frei, die uns in den nächsten Wochen mit einem neuen Schwung begleiten. Wir fühlen uns jünger, sind näher an unseren Gefühlen und spüren wieder die innere Freiheit, die uns trotz aller Pflichten nicht verlassen muss.
Ja, wir können unsere Träume leben!

Aus dem Leben: *Mich zieht es an solchen Tagen in den Wald. Da ich eine sehr schlechte Orientierung habe, suche ich dann bewusst neue Wege auf, schaue nicht auf die Schilder, sondern folge der Sonne und meinem Gespür. Dies versetzt mich in eine milde Aufregung, zu der an mancher Wegkreuzung Herzklopfen dazukommt. Rechts oder links – Kopf oder Zahl? Ich kann dieses kleine einsame Abenteuer wagen und genießen, kann die verschiedenen Gefühle zwischen*

Unternehmungslust und Verlorensein bewusst wahrnehmen und aushalten, denn innerlich weiß ich ganz genau: Im Heidelberger Wald kann man sich nicht verlaufen, alle Wege werden mich über kurz oder lang wieder nach Hause führen.

Nach einem solchen Ausflug höre ich ihn wieder – den Ruf des Lebens, der mir entgegenkommt. Mein Vertrauen in mich und die Welt ist ein kleines Stück gewachsen. Was kann mir schon passieren? Ich fühle mich getragen von unsichtbaren Mächten.

Welche Pferde hab ich im Gespann?

Der Wagenlenker von Delphi, eine griechische Bronzestatue aus dem fünften Jahrhundert, hat mich auf meiner Reise nach Athen beeindruckt: Er steht aufrecht auf seinem Wagen und hält die Zügel mit leichter Hand. Da die Pferde die Zeit nicht überdauert haben, bleibt ihre Anzahl und Gangart ein Geheimnis. Ihm gleich wollten auch wir in den Zwanzigern unsere Rosse – sprich die verschiedenen Kräfte unserer Seele – führen lernen. Wie dem Betrachter des Wagenlenkers war auch uns zunächst unklar, welche und wie viele Pferde wir im Gespann hatten. Um diese kennenzulernen, brauchte es vielfältige Erlebnisse und Erfahrungen in der Welt. So sind uns die Pferde durchgegangen, sie haben sich aufgebäumt, der Wagenlenker, vielleicht sogar der ganze Wagen, ist gestürzt, um immer wieder neu die Führung zu übernehmen.

Bei manchen wird diese Entwicklung behindert: Es gibt junge Menschen, denen der Mut fehlt für die große Welt, die in Angst und innerer Lähmung erstarren. Oft ist in einem solchen Fall auch professionelle psychologische Beratung gefragt. Andere wollen der Weite der Möglichkeiten entgehen, in dem sie sich jetzt schon privat oder beruflich endgültig festlegen. Diese Entscheidungen werden dann manchmal in den Dreißigern bereut. Jeder von uns kann sich an einen Klassenkameraden erinnern – oder erging es Ihnen selbst so? –, der Schweres, ja manchmal Tödliches erleben musste. Waren es Drogen oder ein Verkehrsunfall? Musste er oder sie jemanden Nahestehenden in einer schweren Erkrankung begleiten? Solche »Stürze« prägen nachhaltig. Sie können zu einer ernsten Lebensverantwortung aber auch zu einer ängstlichen oder melancholischen Lebensscheu führen.

Die Zwanziger können uns wie ein großer Spielplatz mit vielen bunten Spielgeräten erscheinen, der im Grunde dem der Kindheit ähnelt. Man hat sich für einen Lebensort entschieden. War es das Studium, war es die verlockende große Stadt, waren es Freunde, die die Wahl bestimmten? Was hat uns zu unserer Lehrstelle geführt? Die Beziehungen der Eltern, der freie Platz, ein persönlicher Eindruck, die Tatsache, dass man genommen wurde? Wir hatten jedenfalls alle vorher keine Ahnung, worauf wir uns einließen. Ganz ähnlich, als säße man oben auf der Rutsche. Hochklettern war als Aufgabe überschaubar, doch jetzt ging es ums Abstoßen, um das freie Rutschen! Hatten wir Vertrauen zu uns selbst, hatten wir Lust auf die Welt? Hatten wir, wenn nötig, die Courage zu wechseln, wenn wir erkannten, dass unsere Wahl falsch war? Hatten wir das Durchhaltevermögen in schwierigen Phasen? Auf der einen Seite waren wir dankbar, unsere Familie im Hintergrund zu haben, so wie damals, als die Mutter oder der Vater auf der Spielplatzbank saßen und nur eingriffen, wenn es nötig war. Auf der anderen Seite wollten wir lernen, für uns verantwortlich zu leben. Von der Wäsche über das Einkaufen und Kochen, Putzen, die Wahl der Bank, das Bezahlen der Telefonrechnung ... Wir schwankten alle immer wieder zwischen Zuversicht und Hoffnungslosigkeit. Sowohl die kleinen und größeren Erfolge, vor allem aber das Meistern von Schwierigkeiten, das Umgehen mit Niederlagen, ähnlich den sandigen Stürzen der Kindheit, schenkte uns Vertrauen in uns und unser Leben. Wir spürten: Wenn wir uns anstrengen, dann wird es gelingen!

Abhängig von unserer Umgebung ...

In unserem großen Freiheitsgefühl haben wir selbst nicht wahrgenommen, wie sehr wir von den Erwartungen unserer Umgebung abhängig waren. Jede Kritik haben wir persönlich genommen. Wir schlüpften in Rollen und Muster und versuchten, diese perfekt auszufüllen. Die Frage, ob diese Rollen uns wirklich entsprachen, stellten wir uns in dieser Zeit noch nicht.

Durch unser noch relativ schwaches eigenes Urteilsvermögen und die Sehnsucht nach jemandem, der uns den Weg zeigt, waren manche von uns auch leicht verführbar durch Ideologien oder Sekten. Ohne viele eigene Vorbehalte ließen wir uns gerne für ein bisschen Lob vor einen fremden Karren spannen. Modernes Firmenmanagement nutzt diese Führbarkeit für ihre eigenen Zwecke.

Aus dem Leben: *Wir hatten eine Freundin, die mit Begeisterung für einen großen Windelkonzern arbeitete. Einmal besuchte sie uns und erlebte, dass wir unser Baby mit Stoffwindeln wickelten. Dies war für sie wie eine persönliche Kränkung. Den ganzen Abend erzählte sie uns von den vielen Vorzügen der Pampers. Als sie uns nicht überzeugen konnte, schwankte sie zwischen den Gefühlen, beleidigt zu sein oder uns als hoffnungslosen Fall abzustempeln.*

... suchen wir einen Mentor

Erinnern Sie sich noch daran, wie Sie in Ihrer Abschlussarbeit den Wald vor lauter Bäumen nicht mehr fanden? Es fällt in diesem Alter schwer, die vielen Einzelheiten zu einem Thema zu ordnen und in ihrer Wichtigkeit für das Thema zu bewerten. Glücklich waren die, die einen Coach, einen Mentor gefunden hatten, der ihnen auf ihrem Weg wie ein Leuchtturm die Richtung wies und ihnen den Eindruck vermitteln konnte: »Die Welt wartet auf dich, sie braucht genau dich!«

Wir wuchsen in unsere Welt hinein und schlugen die ersten eigenen Wurzeln. Ob in der Ausbildung, im Studium oder am ersten Arbeitsplatz, wir mussten sehr viel lernen, uns Fähigkeiten erarbeiten und diese in Prüfungen unter Beweis stellen. Die dazu notwendige Objektivität und Gedankenklarheit hat unseren Charakter mitgeprägt.

So verbunden wir unserem Mentor waren – es kann der Ausbilder, der Vorgesetzte, ein Freund gewesen sein –, so klar war ein Grundgefühl, dass wir wohl alle teilten: »Wir wollen nie so werden wie unsere Eltern!«

Wen die Liebe trifft

In der Regel begegnen wir in dieser Zeit der ersten großen Liebe unseres Lebens. Gleich ob wir uns schon mit einer Heirat und Familiengründung festlegen oder in freier Beziehung leben, wollen wir dem anderen gefallen. Rückblickend waren wir noch unsicher in unserem Selbstwertgefühl. Wir ahnten kaum, wie wir wirkten. Wir zimmerten uns eine Rolle, füllten diese möglichst perfekt aus und trugen sie wie einen Schild vor uns her. Der Vorzug der Verliebtheit lag in der rosaroten Brille, die wir alle trugen, die uns nur das Positive des anderen zur Erscheinung brachte. Oft traten dann um 28 die Negativseiten hervor, über die wir sehr erstaunt waren. Wir können unsere Bedürfnisse in der Regel noch nicht frei formulieren, sondern fordern vom Anderen: »Wenn mein Mann/meine Frau mich wirklich liebt, dann fühlt er/sie, was mit mir ist und was ich mir wünsche oder was ich brauche.«

In den Zwanzigern sind wir in unserem Zukunftsglauben, unserem Lebensmut, unserer Kreativität noch völlig ungetrübt von den einengenden Umständen des Lebens. Es gibt noch keine Konsequenzen aus früheren Entscheidungen, mit denen wir leben müssen. Wir fühlen uns frei und unbelastet. Selbst die Sterne sind in unseren Zukunftsträumen nah.

Dies macht uns als junge Frauen so anziehend für Männer der zweiten Lebenshälfte. Von außen vermuten wir gerne, es sei die Jugendlichkeit des Körpers, die anzieht, doch ist es nicht vor allem die noch unberührte Reinheit, die Unschuld der Seele? Jetzt können wir verstehen, warum Künstler eine neue kreative Schaffensperiode oft mit einer Muse in diesem Alter verbinden.

Entsprechend beeindrucken bei jungen Männern die mutige, ungebrochene, kraftvolle Zuversicht, die kein Wagnis und kein Hindernis scheut, um das weit gesteckte Ziel zu erreichen. Mit ihnen kann eine Revolution gelingen.

Unser Schutzengel zieht sich zurück

In den »wilden Zwanzigern« war kaum ein Risiko zu hoch, denn wir waren von dem Gefühl getragen, dass uns nichts passieren kann. Wenn mir heute mein Sohn von seinen Bungee-Sprüngen erzählt, dann muss ich mich mit Anstrengung daran erinnern, dass er sich jetzt im Alter der waghalsigen Abenteuer befindet und hoffentlich auch so beschützt ist, wie ich es einmal war.

Mit dem Ende der Zeit von Ausbildung und Berufseinstieg zieht sich die beschützende Kraft unseres Schutzengels zurück. Die Jugendkraft, der Enthusiasmus verlassen uns. Wir spüren die Einsamkeit, die zum freien Menschsein gehört, ganz deutlich. Gleichzeitig erleben wir die Kraft, die in unserem Ich liegt, die sich in unserem entschiedenen Handeln zeigen kann. Ab jetzt hängt unsere Weiterentwicklung allein von uns ab. Stillstand wird zum Rückschritt führen. Nils drückte das so aus: »Es bricht alles weg, was einen mal getragen hat. Es muss alles neu erarbeitet werden.« Ab jetzt können wir Entscheidungen in ihrer Ganzheit tragen. Die Freiheit der Lehr-und Wanderjahre geht zu Ende. Der Ernst des Lebens beginnt.

Aus dem Leben: *Anton erzählt: »In meinem 28. Lebensjahr habe ich mein Unternehmen begründet und mein Sohn kam auf die Welt. Das war schon ein Einschnitt. Ich hatte das Gefühl, jetzt stehst du auf eigenen Füßen!«*

ZUR EIGENARBEIT: ERFORSCHEN SIE AUSBILDUNG UND BERUFSEINSTIEG

Fragen zum 4. Jahrsiebt

1. Beschreiben Sie Ihr Lebensgefühl im 21. Lebensjahr.
2. Erlebten Sie in dieser Zeit eine Krise?
3. Wann sind Sie von zu Hause ausgezogen?
   Haben Sie in einer Wohngemeinschaft gelebt oder alleine?
   Wie kamen Sie mit der Erledigung der Hausarbeit, mit dem Einkaufen und Kochen zurecht?
4. Waren Sie mit der Wahl Ihrer Berufsausbildung oder Ihres Studiums zufrieden?
5. Welche Erfahrungen haben Sie dabei gemacht?
6. Hatten Sie neben der Arbeit Zeit, Ihre Interessen zu verfolgen?
   Welche waren das?
7. Mussten Sie neben dem Studium arbeiten?
   Wenn ja, welche Erfahrungen haben Sie damit gemacht?
8. Sind Sie Ihrer großen Liebe begegnet?
9. Haben Sie Kinder bekommen?

10. Welche Reisen haben Sie unternommen?
    Welches fremde Land hat Sie persönlich am meisten beeindruckt?

11. Konnten Sie das Leben genießen?

12. Gab es einen Mentor, einen Coach oder haben Sie autodidaktisch gelernt und gehandelt?

13. Welche Rollen haben Sie übernommen?
    Haben Sie sich besonders bemüht, eine perfekte Partnerin, ein perfekter Partner zu sein?

14. Gab es eine Rolle, die Sie ganz besonders belastet hat?

15. Haben die Rollen Ihre Entwicklung gefördert oder behindert?

16. Welches Bild hatten andere von Ihnen?
    Welches Bild hatten Sie von sich?

17. Haben Sie den Erwartungen entsprochen, die andere Menschen an Sie stellten?

18. Beschreiben Sie Ihr Lebensgefühl in diesem Jahrsiebt.

19. Hat sich Ihr Leben zwischen 26 und 28 Jahren verändert?
    Haben Sie eine Krise der Talente erlebt?

20. Haben Sie ein ausgewogenes Verhältnis zu sich und zur Welt gefunden?

Malaufgabe zum 4. Jahrsiebt

Stellen Sie die wichtigste Beziehung aus dieser Zeit in ihrem Bezug zu Ihnen mit Motiven aus der Pflanzenwelt dar.

Zum Bild: Eine Rose neben einer Sonnenblume, eine Mistel auf einem Apfelbaum, ein Efeu an einer Birke, ein Himmelschlüsselchen unter einem Ahorn erzählt eine andere Beziehungsgeschichte als eine Zypresse neben einer Birke.

5. JAHRSIEBT: LEBENSPLANUNG UND KARRIERESCHRITTE

In den Zwanzigern haben wir uns in dem beruflichen Feld, für das wir uns entschieden hatten, lernend bewährt. Bestimmt wurde unser Leben aber in dieser Zeit durch unsere Gefühle. Mit einer Gesellenprüfung, einem Hochschulabschluss, einer Hochzeit, der Geburt des ersten Kindes, einem beruflichen Wechsel, einem Umzug endete unsere Phase von Ausbildung und Berufseinstieg.

Im Alter von 28 bis 34 leiten uns die Fragen: »Was bringt es mir? Was sind die Vor- und Nachteile? Mit welchen Konsequenzen habe ich zu rechnen?« Wir sind in den Raum der Verstandesseele getreten. Wollten wir in den Zwanzigern vor allem die an uns gestellten Erwartungen erfüllen, können wir uns jetzt in unseren Qualitäten selbst einschätzen und konsequent unseren Weg verfolgen.

Aus dem Leben: *Sigrid hat nach der mittleren Reife eine Lehre als kaufmännische Angestellte in einem Familienbetrieb begonnen. Der Chef, ein Mann der alten Schule, hat kompetent, streng und unerbittlich gegen sich selbst und seine Angestellten sein Unternehmen zu dem heutigen Erfolg geführt. Zunächst hatte Sigrid große Angst vor ihm, doch mit den Jahren lernte sie, ihn zu nehmen. Wie früher als Mädchen zu Hause agierte sie still und fleißig. Ihre stetig zunehmende fachliche Kompetenz war ihr selbst nicht bewusst. Sie verehrte ihren Chef wie einen zweiten Vater. War es ein Zufall, dass sie, wie als Kind bei ihrem Vater, umsonst auf ein lobendes Wort von ihm wartete? Nach der Gesellenprüfung wurde sie selbstverständlich übernommen. So arbeitete sie sich Jahr für Jahr weiter ein in die verschiedenen Bereiche des Unternehmens und wurde zur rechten Hand des Chefs, der sich hundertprozentig auf sie verlassen konnte. Eines Tages fragte sie ein neuer Kollege, der ihr wegen seines gesunden Selbstbewusstseins schon aufgefallen war: »Bist du dir eigentlich bewusst,* *dass du bei deiner fachlichen Kompetenz eine weitaus bessere Position verdienst?« In ihren Gedanken hatte sich Sigrid in letzter Zeit öfter gefragt, wann sie sich endlich von dem Gefühl, klein und unscheinbar sein zu müssen, befreien würde. Als hätte nur noch dieser Anstoß gefehlt, strahlte Sigrid ihren Kollegen mit neu erwachtem Selbstbewusstsein dankbar an. Von dem Tag an wurde Sigrid zu einer ernst zu nehmenden Mitarbeiterin, die ihren Standpunkt sachlich und deutlich vertrat. Damit konnte ihr Chef nicht umgehen, es kam zum Streit. Sigrid kündigte in ihrem 29. Lebensjahr. Sie war selbst überrascht über ihre mutige Entschlossenheit.*

Heute arbeitet Sigrid im Management eines großen Unternehmens. Sie erinnert sich gerne an ihren »alten Chef«, von dem sie alles von Grund auf gelernt hatte. Im Biografie-Seminar fiel ihr die Ähnlichkeit zwischen ihrem strengen Vater und dem unnahbaren Chef auf. Wie sehr hatte sie sich angestrengt, um ein Wort der Anerkennung zu erhalten. Jetzt sieht sie, dass die Kündigung nötig gewesen war, um sich von dem starken Vaterbild zu emanzipieren.

Die Dachluke zum Himmel schließt sich

Wie geht es weiter, nachdem wir das selbstverständliche Lebensgefühl der Zwanziger, das getragen war von jugendlicher Kraft und Enthusiasmus, hinter uns gelassen haben? Unmerklich hat sich die Dachluke zum Himmel geschlossen und führt viele von uns an ein Nadelöhr im Lebenslauf, das sich wie ein Nullpunkt anfühlen kann. Wie wir später sehen werden, wird es Teil unserer Lebensmittekrise sein, diese Dachluke wieder zu entdecken und zu öffnen. Hinter ihr können wir dann wieder Anschluss finden zu unserem Schutzengel und unserem höheren Selbst. Diese Krise der Talente trifft uns oft hart. Sie kann mit einer Depression und dem Gefühl einer inneren Lähmung einhergehen.

Es kann aber auch sein, dass man diese Schwelle schon einige Zeit auf sich zukommen sah und sich darauf freute, endlich in der Realität des Lebens anzukommen. Allein im Tun kann die Passivität, die sich ausbreitet, überwunden werden. Bei Künstlern finden wir in diesem Alter oft einen Schaffensbruch: So fand der Geiger Yehudi Menuhin in diesem Alter, er müsse mit seiner Musik nochmal ganz von vorne anfangen.

Ab unserem 28. Lebensjahr erleben wir uns selbst bewusster in unserem Ich und das verändert uns: Wir fallen aus den Rollen, die wir uns selbst gegeben haben, heraus und tauchen als eigene Persönlichkeit auf.

Damit treten wir in eine neue Lebensphase ein, die von den Gesetzen des Alltäglichen bestimmt wird. Je nach Charakter wollen wir uns endlich in der »wirklichen« Welt bewähren oder wir stehen eher zögerlich auf dieser Schwelle und hätten die große »Feier des Lebens«, wie wir die Zwanziger auch nennen können, gerne noch ein wenig ausgedehnt.

Wir richten uns ein

Wir können diese Lebensphase zwischen Ende 20 und Mitte 30 als Organisationsphase bezeichnen. Ob wir uns schon für einen festen Lebenspartner entschieden haben oder nicht, ob das erste Kind schon unterwegs war oder nicht, wir richten uns in unserem Leben ein und begründen privat und beruflich unsere Existenz. In der Ausbildung oder dem Studium haben wir eher provisorisch gelebt, jetzt verdienen wir unser eigenes Geld und haben das Bedürfnis nach einer eigenen Einrichtung, vom Kühlschrank über die Waschmaschine bis zur Wohnzimmergarnitur mit TV- und Hifi-Anlage. Vor der Tür steht das eigene Auto. Auch unsere Kleidung passen wir unserer beruflichen Situation an. Wir sind stolz auf diesen eigenen

Besitz und spätestens jetzt darf unsere Umgebung über unseren Ordnungssinn staunen. Endlich sind wir wirklich erwachsen, unabhängig und für unser eigenes Leben verantwortlich. Entsprechend versuchen wir, unseren Lebensalltag möglichst perfekt zu planen und zu strukturieren. Wir wollen unseren Platz im Leben finden und sind bereit, viel dafür zu geben.

Treffen wir Menschen in den Zwanzigern, so erscheinen sie uns oft wie aus einer anderen Welt. Für ihr ewiges Diskutieren, das Suchen nach Idealen, das Träumen von der Zukunft, das nächtliche Feiern haben wir höchstens ein belustigtes Lächeln und sagen vielleicht mit unterschwelligem Stolz: »Wie gut, dass ich für solche Nebensächlichkeiten keine Zeit mehr habe!« Für die »Zwanziger« gehören wir nun auch zu den Spießern. Der Spruch stimmt also: »Trau keinem über dreißig.«

Der Verstand bestimmt unser Leben

Wir betrachten uns und unsere Umgebung mit klarer Objektivität. Unsere Verstandesseele hat die Führung übernommen. Das improvisierende Element trägt nicht mehr, wir werden »vernünftig«, wollen die Fragen des Lebens mit dem Verstand durchdringen, objektivieren, handhabbar machen. Das Denken wird sachlich und nüchtern. Wir suchen die Konkurrenz, gehen keiner Auseinandersetzung aus dem Weg. Dabei geht es uns um das Recht. Wir zögern nicht, unsere Umgebung auf ihre Fehler aufmerksam zu machen. Beruflich und privat sind wir bereit, für unsere Überzeugung einen Streit vom Zaun zu brechen.

Die Verstandesseele

Mit der Verstandesseele wollen wir unsere Umgebung mit distanziertem, sachlichem Blick verstehen und einordnen. Entsprechend ist der Seelenraum der Verstandesseele klar, übersichtlich und zweckmäßig eingerichtet. Bei hellem Licht stehen die notwendigen Möbel aufgabengemäß nebeneinander. Auf dem Schreibtisch liegen griffbereit und funktionstüchtig der gespitzte Bleistift, das Lineal, Papier, Tesafilm und Locher. In den Regalen stehen gut sortiert und beschriftet die Ordner, in denen unsere Vorstellungswelt in Begriffen und Urteilen abgeheftet und zugriffsbereit liegt. Aufgeräumt und strukturiert stellt dieser Raum den Arbeitsplatz der Seele dar.

Alles ist machbar und möglich

Im 5. Jahrsiebt richtet sich unsere Kraft einseitig auf die Machbarkeit und den materiellen Gewinn. Wir wollen die Welt beherrschen. Uns erscheint alles leistbar, machbar, möglich. Wir suchen eine berufliche Position, die uns immer wieder an die Grenze des Möglichen bringt, damit wir diese Kraft auch wirklich erproben können. Als Motto kann gelten: »Meine Leistung ist mein Leben«.

Wir haben zwar die geistige Beweglichkeit des Zwanzigjährigen verloren, die Vitalität und das Tempo bleiben aber erhalten. Da jetzt Objektivität und sachliche Konsequenz im Vordergrund stehen, können wir längerfristige, zielgerichtete Verantwortung übernehmen, Verpflichtungen konsequent Schritt für Schritt umsetzen und bewältigen. Der Dreißigjährige glaubt, das Leben rational beherrschen zu können. Er geht bei allem methodisch vor, gleichgültig ob im Beruf, bei seinem Hobby oder zu Hause. Viel wird angepackt, gut organisiert und so auch bewältigt. Diese Themen bestimmen auch die Gespräche mit anderen.

Firmen nutzen gerne diese große Einsatzbereitschaft. Sie schicken die Berufsanfänger ins Rennen und lassen sie mit anspornenden Versprechungen laufen bis zur Überbelastung. Es liegt besonders in der männlichen Natur, sich voll auf den Konkurrenz- und

Karrierekampf einzulassen. Männer »krempeln die Ärmel hoch« und nehmen die Herausforderungen sportlich entgegen. Der weiblichen Natur kommt ein gutes Betriebsklima, in dem die Teamarbeit im Vordergrund steht, mehr entgegen. Doch auch für sie gilt die große Leistungs- und Erfolgsbereitschaft.

Es besteht die Gefahr, in Rechthaberei und Machtgier zu verfallen. Ohne dass wir es bemerken, kann dabei die Verbindung zum eigenen Lebensfaden abreißen. Oft verlieren wir im Karrierestreben das Gleichgewicht zwischen Berufs- und Privatleben aus den Augen und die Beziehung wird zur Nebensache.

Partnerschaft wird zur Funktionsgemeinschaft

In den Zwanzigern haben wir in unserer Partnerschaft die Übereinstimmung gesucht. Romantik und Sinnlichkeit hatten einen großen Stellenwert. In den Dreißigern verändert sich die Situation: Jetzt steht in der Regel die Funktionsgemeinschaft im Vordergrund. Mit kleinen Kindern müssen wir den Alltag trotz des chronischen Schlafmangels bewältigen. Manchmal fehlt uns sogar die Kraft, die schönen Momente wahrzunehmen. Die Pflichten des gemeinsamen Lebens werden aufgeteilt. Beide Partner gehen ihren Aufgaben und Hobbys nach, der eigene Lebensraum und die eigenen Bedürfnisse werden in vielen Auseinandersetzungen erstritten. Die fehlende innige Zweisamkeit wird oft lange nicht vermisst, glaubt man doch, es genüge, sie gehabt zu haben.

Schwierig wird es, wenn Machtkämpfe, Rechthaberei oder Konkurrenz die Streitfragen bestimmen, wenn das Trennende nicht immer wieder in einer großen Gemeinsamkeit überwunden werden kann. Für den Mann gilt es, die weibliche Seelenseite, die Anima, zu pflegen. Das bedeutet, dass er die ihm oft subjektiven und irrational erscheinenden Gefühle seiner Partnerin ernst nimmt und mit einbezieht. Etwa wenn sie tagsüber Kummer hatte und abends ihrem Mann davon erzählen möchte: Um das Problem möglichst schnell vom Tisch zu haben, bietet er ihr sofort mehrere Lösungen an. Das möchte die Frau an dieser Stelle aber gar nicht. Was sie sucht, sind Anteilnahme, Verständnis und vielleicht ein kleines bisschen Trost.

Für die Frau steht es an, in sich die männliche Seelenseite des Animus zu ergreifen. Das heißt, dass sie sich bewusst darum bemüht, in Auseinandersetzungen und Gesprächen den sachlichen Standpunkt zu verfolgen und zu erkennen, wann sich unangebracht subjektive und irrationale Gefühlsanteile hineinmischen. Ein altes Beispiel, das aber immer noch im Kern Gültigkeit hat und auf viele Situationen übertragbar ist, könnte sein: Sie hat gekocht und er sagt: »Heute ist die Suppe aber ziemlich gesalzen.« Sie reagiert auf diese rein sachlich gemeinte Äußerung verletzt, weil sie innerlich gehört hat: »Er liebt mich nicht«, und zieht sich für den Rest des Sonntags beleidigt und gekränkt zurück.

ENTWICKLUNGSJOKER: UNSEREN GEFÜHLEN RAUM GEBEN

In unserer männlich geprägten Welt ist es für die Frau, die gelernt hat »ihren Mann zu stehen«, im Privatleben oft nötig, sich bewusst mit ihren Gefühlen und ihrer Weiblichkeit zu verbinden. Wie wohltuend ist es, am Feierabend loszulassen und sich mit dem Partner auf die Couch zu setzen. Jetzt können wir, die Hand des anderen spürend, einige Zeit den eigenen Gefühlen nachlauschen und uns fragen: »Wie fühle ich mich heute nach dem langen Tag?« Versuchen Sie dann, sich gegenseitig zu erzählen, ohne den anderen zu unterbrechen, zu verbessern, zu bewerten, zu beratschlagen. Einfach »nur« da sein, hören und spüren – darum geht es jetzt.

Der Seiltanz zwischen Familie und Beruf

Mit der Geburt des ersten Kindes verschieben sich besonders für die Frau die Prioritäten. An erster Stelle steht nun nicht mehr der Beruf, sondern die Sorge um das Kind. Die neue Mutterrolle kennenzulernen und sich in ihr zurechtzufinden, erfordert die ganze Aufmerksamkeit. Heute spüren wir Frauen im Umgang mit unserem Kind innerlich oft keine Selbstverständlichkeit mehr, sondern empfinden eine große Unsicherheit. Im Alltag wird der Seiltanz zwischen unserem Bild von der erfolgreichen, berufstätigen Frau und dem der liebevollen Mutter als Herausforderung deutlich. Über Jahre kann uns unser Leben wie ein endloser Tunnel erscheinen mit kleinen Lichtschlitzen, genannt Wochenende, und größeren lichtdurchlässigen Abschnitten, genannt Ferien. Dabei freuen wir uns gleichzeitig – nicht ohne schlechtes Gewissen – über jeden Wochenanfang und jeden Schulanfang, weil die gewohnte Struktur uns Kraft und Sicherheit schenkt.

Manchmal fühlen sich die Frauen, wenn sie zurück in den Beruf gehen, von den Arbeitskollegen gemobbt. Ihnen ist nicht bewusst, dass sie sich verändert haben und dass sie daher den Erwartungen nicht entsprechen, die die Kollegen mit ihrer Rückkehr verbunden haben. An dieser Stelle könnte eine sachliche Transparenz und Aufklärung aller Mitarbeiter sicher mancher Enttäuschung vorbeugen. Heute steht jede Familie vor der Herausforderung, dieser Mehrfachbelastung gerecht zu werden und eine eigene individuelle Lösung zu finden. Vergessen Sie darüber nicht die Freude, die das Leben mit Kindern bedeutet.

Aus dem Leben: *Sandra und Achim sind seit der Schulzeit kameradschaftlich befreundet. Im Studium begegnete Sandra ihrer großen Liebe Michael, wurde schwanger und bekam eine kleine Tochter. Sie zogen zusammen, betreuten selbstverständlich wechselseitig ihr Kind und studierten dabei beide weiter.*

Achim gab Vollgas im ersten Job. Da er im Vertrieb arbeitete, hatte er bald ein stattliches Einkommen. Jetzt begegnete ihm Lizzi. Sie heirateten, bekamen nacheinander drei Kinder und zogen in ihr eigenes Haus. Sie hatten verabredet, dass Lizzi zu Hause bei den Kindern blieb und ihrem Mann den Rücken freihielt. Lizzi musste lernen, sich nicht minderwertig zu fühlen, wenn sie von berufstätigen Müttern gefragt wurde, was sie denn neben den Kindern mache. Sie musste sich bewusst machen, dass ihr Mann sie voll unterstützte, wo er nur konnte. Mit dem großzügigen Gehalt, für das er viel arbeiten musste, konnte die ganze Familie sehr sorgenfrei leben.

Sandra bekam nach dem Vordiplom ihr zweites Kind. Die Kinder verbrachten den Tag in einer ganztägigen Montessori-Einrichtung. Nach dem Studium eröffneten Sandra und Achim zusammen ein eigenes Büro. Abends fand das kunterbunte, meist fröhliche gemeinsame Familienleben statt. Sandra und Michael diskutierten jede Kleinigkeit aus, bis eine gemeinsame Lösung in Sicht war. Als die ewigen Auseinandersetzungen ihre Partnerschaft gefährdeten, suchten sie eine Eheberatung auf. Mühsam mussten sie lernen, ihre Rechthaberei zu überwinden und sich in den anderen hineinzuversetzen, um dann eine gemeinsame Lösung zu finden.

Zweimal im Jahr trafen sich die beiden Familien. Abends saßen sie zusammen und erzählten sich ihre unterschiedlichen Erfahrungen. Immer wieder kamen sie schmunzelnd zu der Feststellung, dass keines der beiden Konzepte das bessere war. Diese Gedanken trösteten beide Familien, wenn sie sich mal wieder in ihrem jeweiligen Lebenskonzept hilflos und überfordert fühlten.

Vielleicht haben Sie sich gewollt oder ungewollt nicht fest gebunden oder eine Familie gegründet. Vielleicht mussten Sie eine Trennung erleben, die, besonders wenn schon Kinder da waren, zu nicht geplanten Herausforderungen führte. Jeder von uns hat in seinem Leben eigene Themen zu bewältigen.

STÄRKUNGSJOKER: EIN KRAFTPOLSTER FÜR DIE ZUKUNFT

Gleichgültig, für welches Alltagskonzept Sie sich entschieden haben, wird sich später das Durchleben dieses Tunnels in ein inneres Kraftpolster verwandeln. Mit den unzähligen kleinen, großen und übergroßen Pflichten, Aufgaben, Rollen und Herausforderungen unseres Lebens werden in den Dreißigern unser Organisationsvermögen, unsere Disziplin, unsere Belastbarkeit und unsere Durchhaltekraft täglich neu geprüft. Diese jahrelange Bewährungsprobe bildet in uns Tugenden aus, die einen festen Boden für das Erreichen weiterer Ziele in der Zukunft bilden werden.

Die Vergangenheit holt uns ein

Für viele von uns bildet die Zeit zwischen dem 30. und 31. Lebensjahr einen Einschnitt oder Wendepunkt: Fühlten wir uns in den Zwanzigern frei und unabhängig, so holt uns jetzt unsere Vergangenheit ein. Egal wie viele Kilometer zwischen uns und unserem Elternhaus liegen, müssen wir jetzt entdecken, dass wir unserer Herkunft nicht ausweichen können. Sie ist ein Teil von uns selbst. Kleine schmerzliche Augenblicke sind es, in denen wir unser Handeln beobachten und feststellen müssen: Genau so wolltest du nie sein, genau das sollte dir nie passieren! Habe da tatsächlich ich mein Kind so angeschrien, wie ich einmal angeschrien worden bin? Bin tatsächlich ich meinem Mann beleidigt und vorwurfsvoll nachgelaufen, wie meine Mutter es immer tat und ich es so nie tun wollte? Beschämt fühlen wir unsere innere Machtlosigkeit. Das Leben fängt an, Kerben in unsere Seele zu schlagen, alte Wunden reißen wieder auf. Was jetzt? Wie gehe ich damit um? Mit dieser Frage beginnen sich die Wege der Menschen zu trennen. Die einen stecken entweder den Kopf in den Sand oder aber vertreten selbstbewusst: »So bin ich eben! Da kann man nichts machen!«

Die anderen nehmen die Aufforderung an und beginnen mit dem Ringen um ein bewusstes, selbstbestimmtes Leben. Sie krempeln buchstäblich die Ärmel hoch und beginnen sich mit ihrer Vergangenheit mit Prägungen und Mustern bewusst auseinanderzusetzen.

Wir beginnen in unserer kleinen Familie unsere eigene Lebenskultur, unsere eigenen Gewohnheiten zu gestalten. Oft geschieht dies mit etwas übertriebener Ausdrücklichkeit, manchmal sogar mit einem gewissen Fanatismus. Es kann sein, dass wir für einige Zeit unser Elternhaus meiden. Wir versuchen vielleicht, bei unseren Kindern den Einfluss der Großeltern zu begrenzen, um uns vor alten Traditionen und Mustern zu schützen. Gleichzeitig finden wir uns selbst immer wieder in diesem Familiensog wieder, daher ist es verständlich, dass wir manchmal die Neigung haben, über das Ziel hinauszuschießen. Hier braucht es dann liebevolle Toleranz und Nachsicht von beiden Seiten, damit die Familienbande nicht zerreißen. Am besten versuchen die Großeltern mit einem liebevollen Lächeln, die junge Familie tatkräftig zu unterstützen, wo sie es dürfen und können. Meine Eltern – und sicher auch viele andere – könnten von dieser Zeit ein Lied singen.

Die Möglichkeiten und Grenzen der Verstandesseele

In unserer Gesellschaft nimmt die Verstandesseele den größten Raum ein. Wir versuchen, so verlässlich und vorhersehbar zu laufen wie ein Uhrwerk. Ob im Maschinenbau, in der Architektur, im Verkehrswesen, in der modernen Medizin, überall haben wir ein hohes Maß an Perfektion erreicht. Gleichzeitig sind wir an ihre Grenzen gestoßen.

Es besteht die Gefahr, dass wir in unserer Sicherheit und Planbarkeit seelisch einfrieren. Denn unsere Gefühle sind zu Hause in unserer Empfindungsseele und brauchen Freiheit, Überraschung, Spontaneität, Staunen – eben den Herzschlag des Lebens. Wenn wir im Alltag Fröhlichkeit und Lebendigkeit vermissen, kann uns künstlerische, musikalische, kulturelle Betätigung im Herzen ansprechen und beleben.

Auch in unseren Beziehungen hilft der Verstand allein oft nicht weiter. Hier brauchen wir die Bereitschaft, aufeinander zuzugehen, um einen der Situation angemessenen Kompromiss zu finden. Es ist unsere Bewusstseinsseele, in der Empathie lebt, der Wunsch zu verstehen und eine für alle adäquate Lösung zu finden. Gesellschaftlich zeigt sich dieses Bedürfnis in der ganzheitlichen, individuellen Medizin ebenso wie in der Mediation.

ZUR EIGENARBEIT: ERFORSCHEN SIE DIE ZEIT DER LEBENSPLANUNG

Fragen zum 5. Jahrsiebt

1. Haben Sie eine »Krise der Talente erlebt«? Wie lange dauerte sie? Was hat Ihnen geholfen, sie zu überwinden?
2. Haben Sie die Normen aus der Schulzeit hinterfragt, überprüft und wenn nötig aktualisiert?
3. Sind Sie sich selbst und anderen gegenüber ehrlich?
4. Sind Sie bereit, Ihre Emotionen mit Sachlichkeit zu hinterfragen?
5. Welche Menschen waren in Ihrem Leben in dieser Zeit wichtig?
6. Sind Sie beruflich und privat am richtigen Ort? Wie ist das Gleichgewicht zwischen Arbeits- und Familienleben?
7. Haben Sie die Möglichkeit, sich in Ihrem Beruf zu entfalten?

8. Haben Sie den richtigen Partner gewählt?
   Leben Liebe und Fröhlichkeit zwischen Ihnen?
9. Haben Sie eine Familie gegründet, Kinder bekommen?
10. Wo liegen die Konfliktsituationen in dieser Zeit?
11. Spielen in Ihrer Partnerschaft und Familie das Recht und die Macht eine übergeordnete Rolle?
12. Schöpfen Sie Ihre Kraft voll aus? Gehen Sie an Ihre Grenzen?
13. Können Sie neben dem Beruf noch andere Interessen verfolgen?
14. Wie haben sich bei Ihnen Ihre männlichen und weiblichen Charakteranteile ausgeprägt?
15. Wie verstehen Sie sich mit Männern und Frauen beruflich oder privat? Kommen Sie mit einem Geschlecht besser klar?
16. Haben Sie besondere Erlebnisse um das 31. Lebensjahr oder zwischen 30 und 33 Jahren?
17. Können Sie sich Ruhezonen verschaffen?
18. Hatten Sie Krankheiten, psychische Krisen, einen Unfall oder Ähnliches zu erleiden?
19. Haben Sie einen gewohnheitsmäßigen Gebrauch von Suchtstoffen? Wie gehen Sie damit um?
20. Welche Folgen hatte dieses Jahrsiebt für Ihr späteres Leben?

Malaufgabe zum 5. Jahrsiebt

Wie richte ich mich in meinem Leben ein?

Wählen Sie ein Motiv aus dem Bereich der Wohn- und Lebensräume.

Zum Bild: Was entspricht Ihrem Lebensgefühl in dieser Zeit: das Leben in einem Häuschen mit Garten und Obstbäumen, eine Wohnung in einer Siedlung mit vielen Familien und Kindern, ein Wohnmobil, das flexibel den Ort wechseln kann, ein Reihenhaus am Stadtrand?

6. JAHRSIEBT: WEITER ZUR CHEFETAGE?

In der Phase zwischen 28 und 34 Jahren sind die Sicherheit und das Selbstbewusstsein für die eigenen Fähigkeiten gewachsen. Wir haben gelernt, uns selbst und unsere Umgebung klar einzuschätzen. Wir fühlen uns eingebettet in unserer privaten und beruflichen Situation. Viele Menschen versuchen jetzt im 6. Jahrsiebt zwischen 35 und 41 nur noch, ihre Lebensbedingungen zu verbessern und wollen zufrieden und behaglich in diesem Zustand verharren.

Da Sie dieses Buch lesen, gehören Sie jedoch vermutlich zu denjenigen, die sich fragen: Wie erlange ich die Meisterschaft in meinem Leben? Gelingt es mir, die Grenzen meines Verstandes, meiner vorgegebenen Möglichkeiten zu sprengen, um zu einem neuen Bewusstsein vorzudringen? Bleibe ich neugierig auf mich und meine Welt? Der Raum unserer Seele, der dazu von uns, von unserem Ich-Menschen aktiv ergriffen werden muss, heißt Bewusstseinsseele. Um den Raum der Bewusstseinsseele zu entdecken, müssen wir meist vorher an schmerzliche Grenzen gestoßen sein. Bei sehr vielen Menschen geschieht das als Lebensmittekrise erst gegen Ende dieses Lebensabschnittes.

Am Gipfel unserer Kraft

Betrachten wir das Leben in einer Kurve, die den Verlauf des Ineinandergreifens von Geist, Seele und Leib beschreibt (siehe Seite 16), so sind in dieser Zeit die seelisch-geistigen Kräfte mit den körperlichen Kräften am engsten verbunden. Wir haben den Gipfel unserer Kraft- und Energieentfaltung erreicht.

Wir sind jetzt am tiefsten mit unserem Leib und der materiellen Welt verbunden. Die Welt ist dazu da, von uns in Angriff genommen zu werden. Wir haben gelernt, Menschen und Situationen gut einzuschätzen. Wir haben unsere Wahl getroffen und sind bereit, die Konsequenzen zu tragen. Wir glauben selbstbewusst, das Leben gehe nun immer so weiter. Die Gefahr, dass wir dabei innerlich hart und egoistisch werden, ist groß.

Als Motto kann gelten: »Mir geht es gut, ich kenne meine Grenzen!« Wir haben uns unserer materiellen Existenz verschrieben und uns daraus unser Wertesystem aufgebaut.

Mit dem 2. Mondknoten kommt der Zweifel

Doch dann schleicht sich »wie ein Dieb in der Nacht« der Zweifel in unsere sichere und verplante Welt ein: »Ich bin jetzt Ende 30, ich habe noch 25 Jahre bis zur Pensionierung. Soll das jetzt immer so weitergehen? Was habe ich noch zu erwarten? Dieselbe Frau, derselbe Mann bis an mein Lebensende? Denselben Arbeitsplatz, dieselben Aufgaben bis zur Rente? Was soll da noch Neues kommen?« Am nächsten Tag sind alle nächtlichen Zweifel vergessen und das Leben geht seinen gewohnten Gang. Doch solche Augenblicke kommen öfter: Die Krise der Lebensmitte beginnt. Nicht umsonst leitet der zweite Mondknoten (siehe Seite 77) mit 37 Jahren dieses 6. Lebensjahrsiebt ein. Wie mit 18 wird abermals durch die Geburtskonstellation der Planeten der Vorhang zu unserem unterbewussten, hinteren Raum geöffnet. Er kann sich in leisen inneren Fragen zeigen, die gerne überhört werden: »Bin ich noch am richtigen Platz? Bin ich mir noch auf der Spur?« Vielleicht sehen wir uns aber auch einer unvermuteten Aufgabe im privaten oder beruflichen Umfeld gegenüber, die uns in unserer Verantwortung fordert. Vielleicht wird uns ein Job angeboten, der uns inhaltlich stark herausfordert, dessen äußere Umstände aber wenig ansprechend sind. Wie werden wir uns entscheiden? Was sind unsere Kriterien?

Wollen wir weiterleben mit dem Ziel, möglichst viel Spaß zu haben, oder sind wir auf der Suche nach unserem Platz, unserer Aufgabe? Das Thema des zweiten Mondknotens heißt Umbruch. Dieser Umbruch kann auch mit deutlich schmerzlichen Einschnitten eines Schicksalsschlags, einer Erkrankung, einer Trennung, eines Jobverlustes einhergehen.

Unser Spiegelbild beginnt die ersten kleinen Fältchen zu zeigen. Wir überschreiten den Zenit unserer körperlichen Leistungsfähigkeit. Für einen Sportler, der sich besonders über seine körperliche Fitness identifiziert, kann auf einmal das ganze Leben in Frage stehen. Im Umbruch des zweiten Mondknotens ereignen sich Verletzungen, jüngere Sportler ergreifen ihre Chance und ziehen unerbittlich nach vorne. Wie soll es jetzt weitergehen?

Ausweichmanöver statt Neuorientierung

Statt einer Neuorientierung suchen wir oft weiter die Befriedigung unserer Sehnsucht im Materiellen. Wir brauchen immer mehr Dinge und Besitz, um die wachsende Leere zu kompensieren. So suggeriert uns dann auch folgerichtig die Werbung, dass Marlboro uns die Freiheit, Jim Beam das Glück und Mercedes die ultimative Erfüllung bringt. Werbung, Konsum- und Freizeitindustrie reichen sich die Hand, um uns abzulenken.

Die Ehrgeizigen und Pflichtbewussten unter uns schalten einen Gang höher und stürzen sich mit voller Kraft in ihre Arbeit und den Ausbau der Karriere. In unserer Freizeit lenken wir uns mit sportlichen Aktivitäten ab. Abends drehen wir den Fernseher etwas lauter, wir holen regelmäßig die zweite Flasche Bier aus dem Keller. Wir betäuben uns auf allen Kanälen. In den frühen Morgenstunden liegen wir wach: Unbestimmte Zukunftsängste verfolgen uns. Rückenbeschwerden können sich einstellen, die uns hinweisen wollen auf unsere mangelnde innere Aufrichtigkeit. Ist doch die Wirbelsäule Bild für das Aufrechte in uns, für die Herausforderung, uns mutig in die Wahrheit unseres Lebens zu stellen. Können wir den Schmerz als einen fragenden Hinweis sehen, ob wir von unserem Weg abgekommen sind?

Manchmal muss erst eine Krise kommen, die uns laut und unüberhörbar zuruft: Stopp, der Sprung ins Geistige steht an, die Materie trägt allein nicht mehr.

Sucht anstelle von Suche

Die Aufforderung, die hinter der nagenden Angst und inneren Ruhelosigkeit steht, wird auch von dem Arzt, zu dem wir wegen unserer Schlaflosigkeit gehen, in der Regel nicht erkannt. Wir werden durchgecheckt, vor zu viel Stress gewarnt und bekommen einige Tabletten gegen unsere Schlaflosigkeit verschrieben.

Wir merken, wie entspannend abends ein Glas Rotwein oder Bier ist, und greifen immer häufiger danach. Die eigentlich anstehende innere Suche mit Genussmitteln wie Alkohol, Essen oder mit Arbeit, Einkaufen, Spielen, Sex zu beantworten, ist naheliegend und wegen des schleichenden Verlaufs gefährlich. Die Möglichkeiten des Missbrauchs sind heute vielfältig, die Grundtatsache bleibt: Ich missbrauche mich. Keiner kann mir mehr schaden als ich mir selbst. Eva, eine trockene Alkoholikerin, benannte das sehr treffend so: »Ich habe damals eine neue Weichenstellung vollzogen – rein in die Sackgasse Sucht!« Sucht ist immer ein Ausweichen vor der Suche nach mir selbst. Wenn ich lerne, gerade die Teile meiner selbst oder meiner Vergangenheit, denen ich ausweichen möchte, zu verstehen und anzunehmen, bin ich auf dem Weg zu mir. Ich kann anfangen »mich zu zeigen«. Oder wie Eva nach ihrer Therapie sagte: »Die innere und die äußere Eva, jetzt passen sie immer mehr zusammen.«

Begegnung statt Sprachlosigkeit

Bleiben wir in der Partnerschaft im Ego des 5. Jahrsiebts stecken, dessen Stärke sich auf Recht und Macht gründet, breitet sich zunehmende Sprachlosigkeit aus. Die Partner sitzen fest in den gegenüberliegenden Polen ihrer Geschlechtlichkeit, ihres vermeintlichen Rechts. Haben wir uns früher wie Schlüssel und Schloss ergänzt und erhöht, so verstummen und vereinsamen wir jetzt in unseren tief eingeprägten, oft noch unbewussten Seelenmustern. Zwischen uns tut sich ein scheinbar unüberbrückbarer Abgrund auf. Wir können uns kaum noch erinnern, dass es früher ganz anders gewesen sein soll.

Das Gesicht des Partners wird uns unsichtbar, ein Schleier aus Projektionen und Übertragungen legt sich darüber. Wir sehen uns nur noch im Spiegel unserer Vergangenheit. Die Ehefrau wird für den Ehemann zum Abbild der »bösen« und verletzenden Seiten seiner Mutter, der Ehemann zum Abbild der »bösen« und verletzenden Seiten des Vaters der Ehefrau.

Aus dem Leben: *Wieder einmal standen wir uns verbissen, verletzt und erschöpft gegenüber. Ich dachte nur: Wie lange willst du das noch aushalten? Da fragte mich mein Partner leise und sanftmütig: »Erzähl mir doch einmal, was in diesen verfahrenen Situationen mit dir passiert? Ich möchte dich gerne verstehen!« Licht tauchte auf, als hätte jemand eine verschlossene Tür aufgestoßen. Jetzt konnte ich von den Erlebnissen meiner Kindheit erzählen, die mich mit großer Macht wieder einholten. Ich verstand ja selbst nicht, was da passierte. Dann konnte ich auf einmal auch meinen Mann fragen nach dem Hintergrund seiner kalten, manchmal lautstarken, manchmal schneidenden, verletzenden Reaktion. Was er mir erzählte, berührte mich tief. Seit langer Zeit saßen wir wieder gerne nah beieinander.*

Nur das ehrliche Interesse führt uns aus unserer eigenen Enge heraus: Begegnung kann wieder stattfinden. Mit dem Gefühl, angenommen zu werden, wie wir eben auch in unseren hilflosen Momenten sind, kann die Liebe wieder fließen. Auf einmal ist es ganz unwichtig geworden, wer von uns im Recht ist. Uns interessiert jetzt nur noch die auflösende Frage: »Wie können wir uns in solch verfahrenen Situationen gegenseitig helfen?«

**ENTWICKLUNGSJOKER:
KOMPLEXE GESPRÄCHE NICHT IM BETT!**

Beachten Sie, dass Sie in regressiven Momenten, also in Augenblicken, in denen Sie sich alters- und entwicklungsgemäß auf kindliche Stufen zurückbegeben, leicht zu verletzen sind, weil Sie in diesen Momenten keinen Zugriff auf Ihre erwachsene Persönlichkeit haben. Deshalb in Zukunft keinerlei Problemgespräche im Bett, in der Badewanne oder in Wollsocken auf der Couch!

Die Türen zur Freiheit öffnen

Sie haben schmerzlich erkannt und erlebt, dass Ihnen ein rein sachlich orientiertes Wertesystem auf wichtige Fragen des Lebens keine befriedigende Antwort zu schenken vermag. Jetzt können Sie die Türen zum Raum Ihrer Bewusstseinsseele öffnen und ihre Weite und Freiheit fühlen. Sind Sie bereit, sich vom »Rechthabenwollen« zu verabschieden, um im Raum echter Begegnung Ihr Gegenüber in seinem Wesen und in seiner Situation wirklich zu verstehen? Sind Sie fähig, Ihrem Gegenüber Ihre Situation und Ihr Wesen verständlich zu machen? Dann werden Sie feststellen, dass Sie es mit zwei verschiedenen Wirklichkeiten zu tun haben, und beginnen, nach einer angemessenen gemeinsamen Lösung zu suchen. Dieser Seelenraum führt uns zu unserem Herzen. Schon der kleine Prinz von Saint-Exupéry wusste: Man denkt nur mit dem Herzen gut.

Die Bewusstseinsseele – unser Atelier

Der Raum der Bewusstseinsseele ist gut beleuchtet. Hell, aber nicht schattenlos, klar, aber nicht sachlich steht er zur Verfügung. Die Möbel sind variabel: Mal können wir sie als Tisch, als Hocker, als Regal oder als Leiter nutzen.

Es könnte das Atelier im Haus sein. Es hat große Fenster mit einem weiten Blick und ist dabei gleichzeitig so eingerichtet, dass wir uns zu Hause fühlen können. So ermöglicht uns dieser Raum sowohl die Überschau als auch die Einsicht.

Im Raum der Bewusstseinsseele versuchen wir, die Welt weder egozentrisch subjektiv noch sachlich objektiv, sondern von Fall zu Fall sinngemäß und der Situation gemäß zu betrachten. Das ist gerade zu Anfang noch ungewohnt.

ENTWICKLUNGSJOKER:
DER BLICK VON OBEN

Versuchen Sie bei Ihrer nächsten Meinungsverschiedenheit, nachdem die Fakten auf dem Tisch liegen, bewusst einen Schritt auf eine imaginäre Leiter zu machen und aus der Vogelperspektive auf die Situation zu blicken. Ihr echtes Herzensbedürfnis, die Situation umfassend zu verstehen, lässt Ihren Gesprächspartner vielleicht auch einen Schritt in diesen Zwischenraum wagen. Wenn nicht, so machen Sie einen ganz neuen Handlungsvorschlag, der unabhängig ist von Ihren so unterschiedlichen Standpunkten.

Für diese neue Perspektive müssen wir uns selbst ein Stück verlassen. Dies macht uns Angst und ist oft der Grund, warum wir uns in unserem Vorstellungssystem verbarrikadieren. Haben Sie Mut und wagen Sie diesen Schritt. Die wohltuende Leichtigkeit, die dann entsteht, wird Ihnen zunehmend ein Gespür für diese Situationen schenken. Um einen Perspektivwechsel zu üben, können Sie mit Ihrem Partner den Platz tauschen und sich darüber unterhalten, wie anders die Sicht jetzt ist.

Neue Orientierung finden

Nehmen wir an, unser Leben verläuft äußerlich wohlgeordnet. Alles könnte gut sein. Wenn da nur nicht diese neue innere Orientierungslosigkeit wäre. Unsere Emotionen, die wir so gut im Griff hatten all die Jahre, fangen an, sich zu verselbstständigen und unerwartet hervorzubrechen. Hier können uns kleine bewusste Veränderungen helfen, das Chaos in unserem Inneren zu ordnen (siehe »Kleine Pflegeanleitung« Seite 121).

Wenn wir uns regelmäßig mit Gedanken beschäftigen, von denen äußerlich nichts abhängt, die keinen Nutzen oder Mehrwert bringen, werden wir bemerken, dass sie eine reinigende, beruhigende Wirkung auf unser Inneres haben. Einerseits werden uns unsere wogenden Emotionen bewusster, wir können sie benennen und ihren Zusammenhang leichter durchschauen. Andererseits lernen wir, diese Gefühle zu akzeptieren, ohne uns durch sie vom Alltagskurs abbringen zu lassen.

Wir werden jetzt auch Ruhephasen bewusster dafür nutzen, uns nach dem Einklang unseres äußeren Alltags und unserer inneren Bedürfnisse und Sehnsucht zu fragen. Vielleicht lernen wir Orte wie die Kirche und den sonntäglichen Gottesdienst als Besinnungsraum im Alltag neu kennen. Vielleicht suchen wir einen Selbsterfahrungskurs oder einen Psychotherapeuten auf, um ungeklärte, offengelegte Wunden zu verstehen.

Aus dem Leben: *Mit 37 fühlte ich mich auf einmal wie eine Nussschale im weiten Meer. Der feste Boden unter den Füßen schien verloren, Nebel verdeckte die Sicht auf den leitenden Leuchtturm. Stürmischen Wellen gleich überfluteten mich im geordneten Alltag die Fragen in meinem Inneren. Die Wellen hießen: die Beziehung zu meiner Mutter und meinem Vater, die Beziehung zu meinen Geschwistern. Wo ist meine Heimat? Wer bin ich eigentlich selbst? Über manche Wellen konnte ich nicht einmal drüberschauen.*

Nach einigen helfenden Gesprächen habe ich zwar immer noch die verschiedenen Wellen mit ihren kleinen und großen Themen um mich herum. Und immer noch kann es zum Sturm kommen. Doch bin ich zu einem kompetenten Jollensegler geworden. Ich kann das Segel reffen und so den Themen zu einer angemessenen Zeit und in einem angemessenen Rahmen gegenübertreten. Ich stelle mein Segel nicht mehr gegen den Wind – ich habe meine wichtigsten Themen kennengelernt und weiß mir zu helfen. Ich behalte das Steuer fest in der Hand – lasse mich also nicht aus der erwachsenen Haltung in die verlorene, hilflose Kleinkindhaltung bringen. Ich behalte mein Ufer fest in Sicht, das heißt, ich behalte im Bewusstsein, was ich kann und leiste. Ich orientiere mich am Leuchtturm und erinnere mich, was ich bei meinem Coach gelernt habe. Ich spüre deutlich, dass ich selbst für meine Reise und meinen Kurs verantwortlich bin.

Abstoßen von den Ufern des Alltags

Stoßen wir uns regelmäßig ab von den festen Ufern des Alltags, frischen unsere Urteile auf, ändern den Blick auf das Gewohnte und integrieren Neues, dann weitet sich unser Horizont. Jetzt können wir wieder unsere kreative Initiativkraft spüren. Wir sind bereit, neue Wege zu gehen. Es lohnt, sich hin und wieder in fremde Schuhe zu stellen. Haben Sie sich schon einmal gefragt, wie eigentlich der Arbeitstag Ihres Kollegen, Ihres Angestellten verläuft? Wie würden Sie sich in seiner Haut fühlen? Wie erleben Ihre Kinder Ihren Alltag? Wie verläuft das Leben aus der Perspektive Ihrer Kinder? Welches sind ihre Prioritäten, dass ihr Tag ein guter Tag wird? Welche Tagesarbeiten befriedigen meinen Partner, welche erdrücken ihn? Welche kleinen Pflichten könnten wir mal tauschen?

Es kann sein, dass es notwendig wird, unser Leben privat oder beruflich konkret zu verändern. Es kann aber auch sein, dass äußerlich alles beim Alten bleibt, sich aber unsere Perspektive darauf oder unser Schwerpunkt, den wir setzen, verschieben. Letztlich geht es darum, das eigene Wertesystem, das sich in den vorangegangenen Lebensphasen vor allem am Machbaren, Irdischen, Materiellen ausgerichtet hat, neu auszuloten in der Weite von Himmel und Erde, neu anzuknüpfen mit unserem irdischen Ich an unser geistiges Selbst. Wollte man die Umwertung der Lebensmitte in einem Motto zusammenfassen, könnte man sagen: Leben Sie Ihr eigenes Leben jetzt!

Die Bremse unserer versteckten Erwartungshaltung

Haben Sie manchmal das Gefühl, gleichzeitig auf Gas und Bremse zu stehen? Die Ursache dafür könnte in Ihrer versteckten Erwartungshaltung liegen. Jeder von uns lebt mit etlichen inneren Erwartungen, die er in seinem Leben nicht erfüllen kann oder will. Stellen wir uns der schmerzlichen Erkenntnis, dass wir mancher Erwartung unserer Eltern nie genügen werden, bemerken wir ihre Bremskraft. Verabschieden Sie sich jetzt von allen überflüssigen Erwartungen, den eigenen und den von außen an Sie herangetragenen. Sie werden

STÄRKUNGSJOKER: VOM UMGANG MIT DEN ERWARTUNGEN

Trennen Sie sich bewusst von allen Erwartungen, die Sie nicht erfüllen können oder wollen. Verwandeln Sie eine der verbliebenen Erwartungen in ein realistisches Ziel. Schreiben Sie auf, was zu seiner Umsetzung in welcher Zeit Schritt für Schritt nötig ist.

Nehmen Sie bewusst Ihre Erwartungen an andere zu sich. Lernen Sie in ihnen Ihre eigenen Wünschen und Bedürfnissen zu sehen. Muten Sie sich Ihrer Umgebung in Ihren Eigenheiten zu. Wagen Sie die Art von Beziehung und Nähe, die zu Ihnen passt. Sie werden sehen: Jetzt kann das Leben seinen roten Teppich für Sie ausrollen!

sehen, dass diese Aufarbeitung Ihnen die Konzentration und Kraft schenkt, die Sie brauchen, um sich in den Vierzigern Ihren wirklichen Lebensaufgaben zu widmen.

Erwachsen werden heißt aber auch, dass wir uns unserer Erwartungen an andere bewusst werden. Wie lange möchten Sie noch darauf warten, dass Ihr Vater Ihnen sagt, dass er stolz auf Sie ist? Oder dass Ihre Mutter Sie in den Arm nimmt und annimmt? Oder dass Ihr Partner sich im Alltag die Zeit nimmt, Ihnen wirklich zuzuhören, Sie zu verstehen? Wir können bemerken, dass unsere Erwartungen an andere oft versteckte Botschaften über uns selbst und unsere Bedürfnisse sind. Hören wir auf zu warten, sondern stehen wir zu unseren Wünschen, sprechen sie aus, muten uns unserer Umgebung zu, wie wir sind, haben wir eine reale Chance, »den Deckel für unseren Topf« zu finden.

ZUR EIGENARBEIT: ERFORSCHEN SIE IHRE LEBENSMITTE

Fragen zum 6. Jahrsiebt

1. Gab es eine »Lebensmittekrise«?
   Was hat sie ausgelöst, und bis wann dauerte sie?
2. Was hat Ihnen geholfen, aus ihr herauszukommen?
3. Wie gehen Sie mit Ihren Ängsten, wie mit Ihren anderen negativen Gefühlen um?
4. Schöpfen Sie Ihr Potenzial aus?
5. Was fällt Ihnen leicht?
   Was fällt Ihnen schwer?
6. Kennen und akzeptieren Sie Ihre Grenzen?
   Wie weit akzeptieren Sie die Grenzen der anderen?
7. Sind Sie schon auf dem Weg, sich mit Ihren Eltern zu versöhnen?

8. Haben Sie Ihr Leitmotiv gefunden und damit begonnen, es in Ihrem Leben praktisch umzusetzen?
9. Wie ist Ihr Gleichgewicht zwischen Berufs- und Privatleben?
10. Wie gehen Sie mit Routine um? Haben Sie noch Spaß im Leben?
11. Müssen Sie schwerwiegende Entscheidungen der Vergangenheit – zum Beispiel Ihre Partnerwahl, Ihre Berufswahl – bereuen?
12. Sind Sie bereit, Herausforderungen anzunehmen und Ihr Leben zu verändern?
13. Überwiegt in Ihrer Partnerschaft der Funktionsalltag? Bemühen Sie sich um ein neues Kennenlernen, eine neue Vertiefung?
14. Versuchen Sie auch, die Fremdheit Ihres Partners zu verstehen?
15. Versuchen Sie, in persönlichen Auseinandersetzungen nicht auf Ihrem Recht zu beharren? Gibt es sich wiederholende Konflikte?
16. Gab es Besonderheiten um das 37. Lebensjahr?
17. Gelingt es Ihnen, Freiräume für sich zu schaffen?
18. Wie ist Ihr Verhältnis zu Geld und materiellen Werten?
19. Wie steht es um Ihren Gebrauch von Genussmitteln? Besteht irgendwo eine Suchtgefahr?
20. Gibt es besondere Ereignisse, Krankheiten oder Unfälle in diesem Jahrsiebt?

Malaufgabe zum 6. Jahrsiebt

Malen Sie ein Bild, das das Zusammenspiel Ihres Privat- und Berufslebens zeigt oder

Malen Sie ein Bild Ihrer Lebensmittekrise und deren Lösung.

Zum Bild: In vielen Fällen hat sich die Lebensmittekrise in diesem Alter erst angekündigt und wir konnten damals das Knirschen im Lebensgetriebe noch nicht einordnen. Auch diese Situation könnten Sie malen.

7. JAHRSIEBT: LEBEN IN EIGENREGIE

Im Alter von 42 bis 48 Jahren stellen wir uns die Fragen: »Wer bin ich eigentlich wirklich?« und »Wie könnte ein erfülltes Leben für mich aussehen?« Wir identifizieren uns immer weniger über unsere Rollen, sondern beginnen bewusst, unser professionelles Berufsleben von unserem Privatleben zu trennen, in dem wir in aller Unvollkommenheit wir selbst sein dürfen. Wir haben keine Angst mehr, unser Gesicht zu verlieren.

Aus dem Leben: *Ich bemerkte deutlich, dass sich etwas an meinem Selbstverständnis verändert hatte, als ich mich selbst ungeschminkt und unfrisiert im Trainingsanzug an der Theke des Bäckers stehen sah: Es war mir völlig gleichgültig, was die Verkäuferin oder die anderen Kunden über mich dachten. Für mich war Samstagvormittag um 10 Uhr, meine Kinder warteten auf die frischen Semmeln, die wir gleich gemeinsam bei unserem Pyjamafrühstück ganz leger miteinander genießen wollten. Schmunzelnd und ein wenig überrascht dachte ich: »Das wäre noch vor kurzem nicht denkbar gewesen – willkommen, ihr Vierziger!«*

Mit wachsender Lebenserfahrung merken wir, dass »Erwachsenwerden« kein Zustand ist, der im Alter von 18 oder 21 Jahren eintritt, sondern ein Prozess, dem wir uns aktiv jeden Tag aufs Neue stellen müssen. »Erwachsen sein« hat etwas mit »reif sein« zu tun, auch mit »bereit sein für etwas«, für eine neue Aufgabe, einen neuen Lebensabschnitt.

Wir haben uns das Leben als Haus vorgestellt. Je älter wir werden, desto deutlicher wird uns der starke Einfluss der ersten 21 Lebensjahre. Sie bilden das Erdgeschoss unseres Hauses mit den drei Räumen der Kindheit, der Schulzeit, der Jugend. Eine offene Treppe führt in den ersten Stock der seelischen Entwicklung, die aus den drei Räumen der Empfindungsseele, der Verstandesseele und der Bewusstseinsseele besteht. In der 2. Lebenshälfte liegt es an uns, ob wir uns an den vorgegebenen Plan der ersten Lebenshälfte halten wollen oder ob wir mit dem Umbau beginnen. Es soll immer mehr unser Lebenshaus werden, das zu uns passt und das auch weiterhin ausbaufähig bleibt.

Über die Notwendigkeit des Putzens

Um das zweite Stockwerk unseres Hauses, das Dachgeschoss unserer geistigen Entwicklung ausbauen zu können, ist es wichtig, dass wir das Stockwerk der seelischen Entwicklung gut kennen und gerne darin wohnen. Dafür müssen wir die einzelnen Räume regelmäßig putzen, staubwischen und Spinnen entfernen. Wir schieben die Möbel aus ihren Ecken und prüfen, ob sie noch zeitgemäß sind. Vielleicht müssen einige entsorgt werden, andere brauchen einen neuen Platz. In dafür vorgesehenen kleinen Zeitinseln schwingen wir Besen, Mopp und Putzlappen und hinterfragen unsere Vorstellungen, unsere Gewohnheiten, unsere Urteile. Wie oft am Tag hören wir uns lachen? Wie oft sind wir dankbar für die wertvollen Kleinigkeiten des Alltags?

Für den Frühjahrsputz planen wir mehr Zeit ein und aktualisieren unseren Lebensplan. Sind wir beruflich noch am richtigen Platz? Nehmen wir uns genügend Zeit für unsere Familie, unsere Freunde? Haben wir noch Träume über die Zukunft? Können wir das Leben immer wieder als leicht erleben? Woran glauben wir?

Wenn wir unsere drei Seelenräume bewohnen und pflegen, dann stehen die Verbindungstüren zwischen ihnen weit offen. Die Räume sind hell und lichtdurchflutet. Wir können spontan und jederzeit von einem Raum in den anderen wechseln: Wann ist es wichtig, im Empfindungsseelenraum der gefühlten Gegenwart Raum zu schenken, wann ist es am Platz, im Verstandesseelenraum einen Vorgang klar und sachlich zu verstehen oder zielgerichtet zu strukturieren, wann ist es notwendig, im Bewusstseinsseelenraum aus einem umfassenden und wesensgemäßen Verstehen heraus eine vielleicht neue adäquate Lösung zu finden?

Wo liegt meine Kraftquelle?

Sicher kennen Sie diese stärkende, belebende Kraft, die in uns aufsteigt, wenn wir in unserer Erinnerung an unseren Kraftort gehen. Ob es ein Ort ist oder eine Melodie, ein Gedicht, unser Lieblingsgeruch oder eine besonders schöne Begebenheit – die Quelle aller belebenden Gefühle liegt in unserer Empfindungsseele. Haben wir sie mit solchen besonderen Erlebnissen angefüllt, können wir mithilfe unserer Erinnerung diese belebende Kraft in uns immer wieder erwecken. Auch in Gebeten und Meditation können wir an diesen Lebensstrom anknüpfen. In den Zwanzigern lebten wir mitten im Raum der Empfindungsseele. In dieser Zeit ergaben sich die tiefen menschlichen Begegnungen und die inspirierenden Erlebnisse wie von selbst.

Aber auch später können wir uns in jedem Lebensalter für die Welt interessieren, uns begeistern, uns tief einlassen – wir müssen diese Erfahrungen und Erlebnisse jetzt allerdings viel bewusster suchen, denn den meisten von uns kommen sie nicht mehr – wie im 4. Jahrsiebt, der Zeit von Ausbildung und Berufseinstieg – von selbst entgegen. Lernen wir aus unserem bewussten Ich heraus unsere Gedanken und Gefühle auf etwas Schönes, Positives zu lenken, fällt es uns immer leichter, aus dem Gedankenalltagsflimmern, das uns so häufig erfasst, auszusteigen. Mit der Zeit wächst diese innere Kraft wie Muskeln im Fitness-Studio. Sie schenkt uns eine neue innere Sicherheit und Unabhängigkeit.

Wie uns die positiven Gefühle und Emotionen beflügeln und beleben, so erschöpfen uns die negativen. Ärger, schlechte Laune, Zorn, Trotz, Wut, Angst, Hass, Trauer schwächen uns in unserer Lebenskraft. Diese Gefühle können sich in uns verselbstständigen, übermächtig und unkontrollierbar werden, bis wir am Ende mit einem Gefühl tiefer Erschöpfung zurückbleiben. Da der Übergang von normalen Stimmungsschwankungen zu krankhaften Zuständen fließend ist, bitte ich Sie, sich zur Einschätzung und Handhabung einer Gefühlskrise rechtzeitig professionelle Hilfe zu suchen.

STÄRKUNGSJOKER: KLEINE PFLEGEANLEITUNG FÜR DIE SEELE

Pflegen Sie jede der folgenden Übungen für eine Woche:

Empfindungsseele:

- Beginnen Sie Ihren Tag mit einem persönlichen Spruch oder Gebet.
- Erinnern Sie sich am Morgen, was Ihnen gestern gelungen ist.

Verstandesseele:

- Halten Sie abends eine kurze Rückschau auf den Tag. Wenn Sie dabei rückwärts durch den Tag gehen, stärkt das Ihre Konstitution.
- Beschreiben Sie Ihre Gefühle sachlich in der Ich-Sprache. Betrachten Sie sich dabei von außen.

Bewusstseinsseele:

- Besinnen Sie sich, wofür Sie dankbar sein können.
- Schauen Sie jeden Morgen in den Himmel oder in die Natur.
- Was verändert sich von Tag zu Tag, von Woche zu Woche?

Die Dachluke öffnen

Pflegen und stärken wir die Souveränität unseres bewussten Ich, dann sind wir bereit, die Dachluke aufzustoßen, die nach oben führt und uns in Verbindung bringt mit unserem höheren Selbst und mit der Möglichkeit unserer geistigen Entwicklung.

Aus dem Leben: *Peter (43 Jahre): »Es ist ein Wagnis, das zu tun, vor allem, wenn man nicht weiß, was richtig und was falsch ist. Ich glaube, ich weiß erst so langsam, wofür ich viele Dinge gemacht habe. Ich entscheide aus dem Moment, ich denke nicht mehr so viel nach wie früher. Ich habe ein völlig neues Lebensgefühl, ich fühle mich so leicht und froh und fühle gleichzeitig, dass ich reich an Erfahrungen bin, so als wäre ich jung und alt zugleich.«*

Der holländische Arzt Dr. Bernard Lievegoed sagt dazu sinngemäß: »Der Mensch steht in seiner geistigen Entwicklung Anfang der vierziger Jahre vor einem Scheideweg. Entweder nimmt sie mit den biologischen Funktionen ab, oder sie steigt zu völlig neuen Bereichen empor, wo ganz andere, schöpferische Kräfte geweckt werden, die einen zweiten Höhepunkt der menschlichen Schaffenskraft ermöglichen. Diese Steigerung liegt in der zweiten Hälfte der fünfziger Jahre und hält in manchen Fällen bis weit in die siebziger Jahre hinein an.«

Anknüpfen an das Urvertrauen der Kindheit

Ab einem Punkt in den Vierzigern empfinden wir unser Leben nicht mehr als ein in sich geschlossenes Zeitfenster. Auf einmal haben wir eine Vergangenheit! Ist das Abitur wirklich 25 Jahre her? Das fühlt sich wie vor einer kleinen Ewigkeit an und steht in ganz unwirklichem Kontrast zu dem jugendlichen Gefühl, das wir von uns haben. Gleichzeitig spüren wir mit den vielen Erinnerungen, die auftauchen, eine neue Verbindung zur Kindheit. Als hätte sich ein Schalter umgelegt, versorgen sie uns mit einem neuen Kraftstrom. Wir können anknüpfen an den Lebensmut unserer Kindheit. Wie oft sind wir als Kinder hingefallen und wieder aufgestanden, bis wir den Mut hatten, loszulassen und die ersten freien Schritte zu wagen. Jetzt spüren wir sie wieder: diese Kraft und Freude, die uns damals durchströmte. Aus ihr schöpfen wir heute unbewusst die Zuversicht, neue Wege zu gehen und darauf zu bauen, dass uns mit jedem Schritt der Boden unter den Füßen entgegenwächst. Gelingt es uns, an das Urvertrauen unserer Kindheit anzuknüpfen, kann uns die gelegentliche Resignation, die zum Älterwerden dazugehört, nicht bremsen.

STÄRKUNGSJOKER: ANS LAUFENLERNEN ERINNERN

Wenn Sie das nächste Mal der resignativen Kraft in sich erliegen, dann stellen Sie sich selbst als kleines Kind vor, das gerade laufen lernt. Wie oft sind Sie dabei hingefallen. Sicher haben Sie sich auch manchmal wehgetan. Doch all das konnte Sie in Ihrem tiefen Wunsch, laufen zu lernen, nicht bremsen. Sie haben sich nicht in die Ecke gesetzt und laut gerufen: »Laufen lerne ich ja doch nie!« Derselbe Glaube an Ihre Stärke für den nächsten Schritt liegt immer noch in Ihnen und Sie können konkret üben, sich mit ihm zu verbinden. Dann wächst zunehmend Ihr Vertrauen in die schöpferische Kraft Ihres Ich.

Mein verletztes inneres Kind und ich

Jeder von uns trägt viele frohe Erlebnisse aus seiner Kindheit in sich. Aber es gibt da auch die dunklen Erinnerungen. Manche von ihnen haben wir sogar aus Selbstschutz in den Keller des Unterbewusstseins verschlossen und vergessen. Mit dem Auftauchen der

Lebenskräfte aus dem Leib hinein ins Geistige steigen neben den stärkenden Kräften auch diese abgespaltenen negativen Gefühle wie ein Flaschengeist auf. Angestoßen durch eine alltägliche Situation, die an ein Muster unserer Kindheit erinnert, öffnen sich unvermutet die Schleusen und die dunklen Emotionen brechen überwältigend hervor.

Alte, abgespaltene Gefühlsanteile erkennen

Gerieten wir als Kind in eine unlösbare, ängstigende oder bedrohliche Situation, standen uns nur drei angeborene Reaktionsmöglichkeiten zur Verfügung: Totstellen, Fliehen, Angreifen. Dazu kam das Gefühl von Hilflosigkeit und Ohnmacht. Dieses Wissen kann Ihnen als sicheres Handwerkszeug dienen, um bei sich und auch bei Ihrem Partner zu erkennen, wann Sie oder er abtauchen in eine alte Geschichte.

Sie wissen jetzt: Immer wenn Sie so tun, als säßen Sie nicht mehr mit dabei – »tot stellen« –, oder wenn Sie den großen Drang haben wegzugehen – »fliehen« – oder wenn Sie laut und aggressiv werden – »angreifen« –, rutschen Sie in ein altes Drama aus Kindertagen. In der Regel sind die Themen wiederkehrend. Schon das Erkennen, dass Sie oder Ihr Partner in einen alten Film verwickelt sind, ist hilfreich und entlastend. Sie brauchen etwas Erfahrung und Mut, um zu sagen: »Du, ich stecke gerade in meiner Kindheitssituation fest. Nimm mich jetzt nicht als erwachsenes Gegenüber ernst, sondern tröste mich bitte und versuche, mich zu verstehen.«

Taucht die Situation bei Ihrem Partner auf: Nehmen Sie, was er sagt, nicht persönlich, denn Sie sind gar nicht gemeint. Warten Sie in Ruhe ab und versuchen Sie, die Situation zu deeskalieren über Trost und Verständnis.

Hat sich die aktuelle Situation beruhigt, dann beratschlagen Sie miteinander, wie Sie das Drama das nächste Mal früher erkennen können. Was ist ein erstes Indiz? Was könnte Ihnen oder Ihrem Partner helfen, um das Drama abzubiegen und unnötig werden zu lassen? Erinnern Sie sich konkret an Ihr wahres Alter und Ihre ganze Kompetenz.

Tipp: Meist ist es gut, das Gegenteil von dem zu tun, was man meint, tun zu müssen:

- Beim »Totstellenwollen« am Tisch bringen Sie sich bewusst ins Gespräch ein und reden mit.
- Beim »Fliehenwollen« setzen Sie sich bewusst neben den Partner und nehmen vielleicht seine Hand. Dann weiß er, Sie brauchen jetzt kurz seine Aufmerksamkeit.
- Beim »Angreifenwollen« spüren Sie die Kraft, wenn sie kommt, und lenken Sie sie um in eine entlastende Aktion wie Laufen, Boxen am Box-Sack, Teigkneten.

Achtung: Wenn Ihr eigenes Drama bei Ihrem Partner sein Drama auslöst, wenn also Keller auf Keller trifft, dann wird die Situation oft unbeherrschbar. Jetzt gilt es, alles zu versuchen, um eine Eskalation zu vermeiden: Abwarten, bis die Wogen sich glätten, und dann versuchen, sich gegenseitig zu verstehen. Wenn es in Ihrer Partnerschaft zu solchen Situationen kommt, ist es ratsam, sich frühzeitig professionelle Hilfe zu suchen.

Es kann hilfreich sein, sich selbst in solchen Momenten zu fragen: »Wie alt fühlst du dich gerade?« Die ehrliche Antwort lautet vielleicht: »3 Jahre!« Also das Alter, in dem die Traumatisierung stattgefunden hat und zur Abspaltung dieses Kindheitsanteils und damit zu seiner Regression geführt hat. Dann können wir uns sagen: »Ich bin aber nicht mehr 3, sondern ich bin 48 Jahre alt und kann in meiner erwachsenen Kompetenz mit der Situation umgehen.« Wir können also dem inneren Schrumpfen durch ein bewusstes inneres Wachsen begegnen. Wichtig ist jetzt, dass wir den Kritiker in uns, der uns für unser Verhalten auch noch abwerten, bestrafen und verurteilen möchte, zum Schweigen bringen. Es gilt zu lernen, uns in unseren Schwächen und in unserem Fehlverhalten zu verstehen und anzunehmen. Diese ehrlich empfundene innere Selbstannahme, so wie wir sind in unserer ganzen Unvollkommenheit, ist die Voraussetzung, um die Kraft der Veränderung in uns aufzurufen.

Aus dem Leben: *Peter war auf Geschäftsreise. Er hatte seine Partnerin Gisela um 19 Uhr angerufen und ihr von der abschließenden Abendveranstaltung erzählt. Gisela schlief unruhig und schlecht. Als Peter sich am nächsten Morgen nicht meldete, kroch das bekannte Gefühl, »vergessen zu werden«, in ihr hoch. Sie dachte an die vielen attraktiven Kolleginnen von Peter. Ihr Bauch wurde hohl und leer, in ihren Fantasien hatte Peter sie quasi schon betrogen. Sie war den ganzen Tag zu wenig Sinnvollem fähig.*

Gisela weiß, dass sie als dreijähriges Mädchen für acht Wochen zu ihrer Tante gebracht wurde und ihre Eltern sie nicht besuchen kamen. Sie weiß auch, dass die Angst, vergessen zu werden, aus dieser Zeit stammt und damals auch ganz berechtigt gewesen ist. Wenn dieselbe Angst heute auftaucht, versucht sie, ihr verletztes inneres Kind zu verstehen und zu trösten.

Sie macht sich bewusst, dass sie inzwischen 46 Jahre alt ist und bereits seit 10 Jahren mit Peter glücklich und vertraut zusammenlebt. Sie sagt sich auch, dass sie heute Abend, wenn Peter heimkommen würde, allen Mut zusammennehmen und mit ihm über ihre Ängste sprechen würde. Ja, sie will immer mehr zu ihren Gefühlen stehen und nach einer passenden Lösung suchen. Sie möchte Peter fragen, ob sie ihn in solchen Situationen auch bei der Arbeit und zu jeder Zeit kurz anrufen darf, um sich seiner Liebe zu vergewissern. Sie spürt die Verantwortung, die sie bereit ist, für sich zu übernehmen. In diesem Moment fühlt sie sich erwachsen trotz oder vielmehr mit dem Schmerz.

Jetzt übernehme ich die Regie

Zunehmend erwacht in uns der Wunsch, Regisseur im eigenen Lebensfilm zu werden. Wir entdecken einen neuen spielerischen Lebensstil, der Fehler zulassen kann, der verzeihen kann, der uns täglich eine neue Chance gibt. Wir wollen auf der Bühne des Lebens die Regie übernehmen und uns in unserer Hauptrolle verwirklichen. Mit wachsender Kreativität integrieren wir sowohl die nützlichen als auch die störenden Nebenrollen unseres Charakters. Als Regisseur kann ich meinem Lebensfilm jeden Tag eine neue Wendung geben.

Manchmal ist der Regisseur in uns müde, hungrig oder hat einen Tag Pause und sein Platz bleibt leer. Das kann vorkommen, oder? Doch am nächsten Tag können wir uns erneut unserem eigentlichen Drehbuch verpflichten. In diesem spielerischen Lebensstil lernen wir uns gegenseitig anzunehmen und schenken uns damit Raum für Entwicklung.

Mit bescheidener Standhaftigkeit

Aus dem Leben: *Es ist doch komisch, in den Dreißigern habe ich geglaubt, alles sei noch möglich in meinem Leben, und jetzt muss ich Anfang vierzig erleben, wie sich die Türen zu schließen scheinen. Und das erlebe ich nicht nur bei mir: Meinen Freunden und Bekannten geht es ebenso.*

Wir müssen akzeptieren lernen, dass wir vieles im Leben nicht mehr rückgängig machen können. Gleichzeitig verstehen wir immer besser, aus welchen Beweggründen wir früher Entscheidungen getroffen haben und welche Konsequenzen daraus erwachsen sind. Wir übernehmen die Verantwortung für unser Leben und stellen uns in bescheidener Standhaftigkeit kraftvoll in unsere Welt. Wir versuchen, aus der Gegenwart heraus zu leben, unsere Vorstellungen und Gewohnheiten zu prüfen und gegebenenfalls zu erneuern. Liebevoller Humor wird zum alltäglichen Begleiter. Ja, viele Türen schließen sich, doch es bleibt lohnenswert, die Aufmerksamkeit auf die Türen zu richten, die sich dadurch erst neu öffnen.

In jedem von uns lebt eine mehr oder weniger laute Stimme, die immer sofort weiß, warum etwas nicht funktionieren kann. Wir können sie den »inneren Kritiker« nennen. Er sieht nur die geschlossenen Türen. Der »Unternehmer« in uns orientiert sich lieber an den offenen Türen des Lebens. Possibilität wird eine Lebenshaltung genannt, in der wir das versuchen umzusetzen, was erstens mir und zweitens meiner Umgebung möglich ist. Wir versuchen, unsere Energie, Zuwendung, Tatkraft immer mehr in Vorgänge oder Handlungen zu stecken, die sich als fruchtbar erweisen, bei denen Zukunftskraft frei wird, die »Rückenwind« verursacht. Mit Tatkraft, Durchsetzungsvermögen und Durchhaltewillen werden wir jetzt unsere Lebensziele kraftvoll realisieren können.

Es ist ein großes Thema für diese Lebenszeit, zu einer ehrlichen, eigenen Authentizität zu finden. Dabei musste ich lernen, dass sich echte Authentizität im Herzen als Einklang, als Übereinstimmung, als Glücksempfinden anfühlt, auch wenn ich dabei hinter meinen Vorstellungen zurückbleibe. Sie wird nicht lebendig in den Ideen unseres Verstandes und auch nicht in den unüberlegten, reaktiven oder stur beschlossenen Handlungen unseres Willens. Authentizität lebt im Schlag des Herzens.

Das Leben in die Hand nehmen

Unsere Lebenskraft bildet die Grundlage für alles körperliche, seelische und geistige Wachsen. Der Kunstgriff, mit dem das möglich wird, liegt in der Fähigkeit dieser Kraft, sich einerseits im Körperlichen und andererseits im Geistigen zu »verankern«. In der ersten

Lebenshälfte geschieht dies ohne unser Zutun. In der zweiten Lebenshälfte ist es jedoch unsere Aufgabe, unser Leben selbst in die Hand zu nehmen.

Eine persönliche Wartungsanleitung erstellen

Es hilft nichts: Mit dem Älterwerden treten wir in eine neue Lebenszeit ein, in der es notwendig wird, unser Lebenskonzept nach unserer Gesundheit, Befindlichkeit, Spannkraft regelmäßig zu aktualisieren. Unser Körper, um den wir uns früher in gesunden Tagen wenig kümmern mussten, verlangt jetzt vermehrt nach unserer bewussten Aufmerksamkeit. Daher werden die Vorsorgeuntersuchungen von vielen regelmäßig wahrgenommen.

Da sich unsere körperliche Leistungsfähigkeit verändert, wird jetzt Life Balance zum Thema. Wohl oder übel gilt: Werde ich zum Führer meiner selbst, übernehme ich die Eigenverantwortung für meine Gesundheit.

Beziehen wir in einem ganzheitlichen Denken Leib, Seele und Geist mit ein, dann braucht jeder von uns jetzt eine auf seine persönliche Konstitution abgestimmte »Wartungsanleitung«. Ihre Zauberworte lauten: Maß, gute Gewohnheiten, Disziplin und Rhythmus. So können wir versuchen, die Gesundheit von Leib, Seele und Geist ganzheitlich positiv zu beeinflussen, um kraftvoll auf unserem Lebensweg weitergehen zu können.

Gefahren auf dem Weg

Die leise, sehnende Stimme nach dem neuen »Wer bin ich?« wird oft von der Routine eines funktionierenden Alltags verschüttet. Wenn wir davor zögern, das Abnehmen der Vitalkräfte mit einer Erneuerung aus dem Geistigen zu beantworten, werden wir oft auf dem bekannten Weg im Körperlichen weitergehen. Die Erneuerung kann dann in sportliche Überaktivität, Genusssucht oder

Krankheit abrutschen. Halten wir uns an der äußeren Sicherheit unseres Status fest, kann sich eine Neigung zur Machtausübung ausbreiten. Wir geben unser Wissen und unsere Informationen – zum Beispiel im Job an jüngere Mitarbeiter – nicht weiter, aus Angst, den Status zu verlieren.

Der Mann, der nicht lernt, sich seinem Gefühlsleben – seiner Anima – zu öffnen, kann glauben, dass seine Frau ihn an seinen Gefühlen hindert. Jüngere Frauen scheinen ihm dagegen die Erfüllung zu versprechen. Bei der Frau, die ihre Aufgabe in der Familie hat, besteht die Gefahr, dass sie die Kraft ihres Animus, die sich in einem neuen Verantwortungsgefühl zeigen könnte, nicht pflegt und der inneren Leere durch tätige Emsigkeit mit Kindern und Enkelkindern zu entfliehen sucht. Bei der Frau im Berufsleben besteht die Neigung wie beim Mann, die männliche Seelenseite des Animus weiter zu betonen. Sie kann dann härter, ehrgeiziger, machtstrebender werden als manch männlicher Kollege.

In den Vierzigern werden ein Teil der Lebenskräfte aus unserem Stoffwechsel entlassen. Dies können wir an dem Rückgang unserer Muskulatur und an der Abnahme der Verdauungskraft bemerken. Für manche von uns gilt es jetzt, die Gewohnheiten zu prüfen, wollen wir nicht in wenigen Jahren wegen einer Stoffwechselerkrankung bei unserem Arzt landen. Ob es uns leichtfällt oder schwer, die »guten« alten und genüsslichen Gewohnheiten zu verändern, sagt uns viel über unsere Konstitution, unser Temperament, unsere Willenskraft und unsere Belohnungsstrukturen. Eckart von Hirschhausen erzählt dazu: »Spätestens, wenn es dunkel wird und unser knurrender Magen mit dem lauter werdenden Kühlschrankbrummen im Chor singt, vergessen wir alle guten Vorsätze und schleichen uns, vor uns selbst – da es ja dunkel ist – unbemerkt, zum Kühlschrank, um uns heimlich nur eine kleine Tafel Schokolade zu gönnen.« Wir lernen an den kleinen alltäglichen Episoden unseres Lebens, was es

ENTWICKLUNGSJOKER: DIE LEBENSKRÄFTE WOLLEN GEFÜHRT WERDEN

Wenn wir die Lebenskräfte, die jetzt frei werden, nicht bewusst in die Hand nehmen und in eine Betätigung hineinführen, haben sie die Neigung, zu vagabundieren. Im Seelischen kann dies zu Stimmungsschwankungen, im funktionell Körperlichen zu vielen Befindlichkeitsstörungen wie Rücken- und Gelenkschmerzen führen. Solche Erkrankungen müssen selbstverständlich medizinisch abgeklärt werden. Erfahrungsgemäß fühlen wir uns rundum gesünder, wenn wir die frei werdenden Lebenskräfte im Älterwerden als gewaltiges Potenzial begreifen, dem wir jetzt mit unserem Ich eine deutliche Richtung geben können. Das kann eine berufliche Veränderung sein, ein neues Hobby, eine Sprache, die wir lernen, ein soziales Engagement, eine Sportart. Ein neuer Lebensschwung ergreift uns und wir fühlen uns zufrieden und im Einklang mit uns.

heißt, zu uns selbst in einem verständnisvollen, humorvollen Verhältnis zu stehen und uns dabei an die Hand zu nehmen und zu führen. In der modernen Psychotherapie heißt es nicht umsonst: Erwachsensein ist die Fähigkeit, sich selbst gut zu »beeltern«.

Die freigewordenen Energien stehen uns jetzt als Entschlossenheit zur Verfügung, mit der wir unsere Lebensaufgabe ergreifen und verwirklichen können.

Warum lebe ich?

In der expansiven Zeit der Dreißiger standen wir recht eindimensional mit beiden Beinen fest auf dem Boden. Die Krisen, die dann kamen, erschüttern unser Selbstverständnis: »Haben wir unser Haus auf Sand gebaut?« In Studien hat man herausgefunden, dass die Menschen, die sich ernsthaft mit religiösen und spirituellen

Fragen beschäftigen, besser mit ihren Problemen zurechtkommen, zufriedener leben, gesünder bleiben und älter werden. Es »lohnt« also, sich »als Bürger zweier Welten« einerseits mit den Füßen auf der Erde und andererseits mit der Seele im Himmel der Spiritualität, des Glaubens, zu verorten.

Immer öfter fällt die Familiengründung in diese Lebenszeit. Beide Eltern haben sich in ihrem Beruf orientiert, haben sich ausgetobt, haben ihren Platz im Leben gefunden und empfinden, dass jetzt der richtige Zeitpunkt für ein Kind ist. Manche spüren auch, dass sie beruflich gerade stecken bleiben, und legen aus diesem Grund eine Familienpause ein. Sie richten alle Aufmerksamkeit auf das Kind und den »richtigen« Umgang mit ihm. Ob sich so die Frage nach dem eigenen Lebenssinn beantworten lässt, wird sich dann erst in einem nächsten Lebensabschnitt zeigen.

Der Horizont erweitert sich

Gelingt die Wende der Lebensmitte, dann findet eine ungeahnte Horizonterweiterung statt, das Leben wird wieder interessant. Wir erweitern unseren Gesichtskreis, probieren neue Arbeitsmethoden, finden mehr Abstand zu den kleinen Problemen des Alltags, setzen deutliche Prioritäten und überraschen unsere Umgebung mit unserer Geistesgegenwart. Daraus entwickelt sich ein Führungsstil, der Verantwortung abzugeben weiß, der Transparenz pflegt und Ideen im Team gemeinsam kommuniziert. Als Mentor habe ich dann die Entwicklung der Jüngeren im Auge. Ich werte mit ihnen ihre Arbeitsergebnisse aus und verhelfe ihnen wenn nötig zu mehr Objektivität und Zielgerichtetheit. Denn in den Zwanzigern sieht man manches Mal, wenn man sich in ein Thema vertieft hat, »den Wald vor lauter Bäumen« nicht mehr und ist dankbar für einen distanzierten, kompetenten Gesprächspartner.

Der Spagat zwischen Zweifel und Sicherheit

Als kleine Kinder hatten wir den selbstverständlichen Mut zum Leben auf der Welt. In den Zwanzigern hat uns unser Leben ebenso selbstverständlich in die große, weite Welt geführt. Angekommen in unseren Vierzigern stehen wir zu uns in dem neuen Spagat aus Zweifel und Sicherheit. Wir nehmen uns immer wieder die Zeit, zurückzutreten und zu fragen: Ist es noch das, was ich machen will?

Aus dem Leben: *In den Dreißigern bin ich gelaufen wie eine Schweizer Uhr. Nichts konnte mich aufhalten. Ich hatte mein Verhältnis zur Welt, aber ich hatte kein Gefühl für die Welt, die mich umgab. Inzwischen habe ich ein neues Lebensverständnis. Ich bin nicht mehr so mutig, ja, ich habe Angst bekommen. Doch diese Angst führt mich. Es ist nicht mehr allein das Geld oder die Position, sondern die wichtige Frage lautet: »Wozu mache ich das? Was habe ich der Welt zu geben?« Mit dieser neuen inneren Unsicherheit zu leben, fällt mir schwer. Daher hängt an meinem Spiegel ein Spruch von Antonio Machado, der mir Kraft schenkt: »Wanderer, es gibt keinen Weg. Der Weg entsteht beim Gehen.«*

ZUR EIGENARBEIT: ERFORSCHEN SIE DIE VIERZIGER

Fragen zum 7. Jahrsiebt

1. Haben sich in den Vierzigern Ihr Lebensgefühl oder Ihre Lebensumstände verändert?
2. Gab es eine Krise? Wodurch wurde sie verursacht?
3. Sind Sie ihr mutig oder mit Angst entgegengetreten?
4. Holt Sie Ihre Vergangenheit ein? An welchen Punkten?
5. Sind Sie im Dialog mit sich selbst, auch mit Ihrem inneren Kind?

6. Sind Sie auf dem Weg sich selbst zu akzeptieren und zu lieben, wie Sie sind – vor allem auch mit Ihren Fehlern, Ängsten und negativen Gefühlen?
7. Haben sich Ihre Werte und Prioritäten im Leben verändert?
8. Ergreifen Sie die Aufgabe des Regisseurs für Ihren Lebensfilm?
9. Wann fühlen Sie sich als Regisseur Ihres Lebensfilmes gelähmt oder festgehalten?
10. Haben Sie zu Ihrer Authentizität gefunden? Wann handeln Sie weiterhin nach Rollen und Normen?
11. Welche Rolle spielt für Sie der andere im Privat- und im Berufsleben?
12. Hat sich Ihre Beziehung zu Ihrem Partner verändert?
13. Können Sie für sich und Ihren Partner einen spielerischen Lebensstil entdecken?
14. In welchem Verhältnis stehen Sie zu Ihren Kindern? Sollen sie Ihre Erwartungen erfüllen?
15. Konkurrieren Sie in übertriebenem Maße mit jüngeren Kollegen oder mit Ihren Kindern?
16. Werden Sie als Gesprächspartner von jüngeren Menschen geschätzt?
17. Erkennen Sie Ihre Lebensaufgabe? Sind Sie bereit, sie kraftvoll umzusetzen?
18. Was für Krankheiten oder psychische Krisen hatten Sie in dieser Epoche? Unfälle, Drogen, Medikamente, Alkohol usw.?
19. Haben Sie sich nochmal verliebt? Wie gehen Sie damit um?
20. Was sind Ihre Lebensmotive? Worauf gründen sie?

Malaufgabe zum 7. Jahrsiebt

Malen Sie ein Bild aus dieser Lebenszeit von einem Moment, in dem Sie sich vollkommen authentisch, eins mit sich gefühlt haben.

8. JAHRSIEBT: LEBEN ALS FÜHRENDE PERSÖNLICHKEIT

Der 50. Geburtstag wird als herausragendes Ereignis der Phase zwischen 49 und 55 Jahren oft groß gefeiert, weil er als deutliche Zäsur empfunden wird. Die einen erleben ihn vor allem mit der Angst vor dem Älterwerden. Die anderen spüren, dass hinter dieser Schwelle eine neue Souveränität auf sie wartet.

Aus dem Leben: *Meine Mutter hat mir immer erzählt: »Die besten Jahre einer Frau liegen zwischen 50 und 60. Man fühlt sich noch beweglich und jung. Gleichzeitig ist man als Frau nicht mehr von der eigenen Wirkung abhängig, sondern ruht in sich selbst. Diese gelassene Selbstsicherheit bringt eine Souveränität mit sich, neben der eine rein äußere Schönheit verblasst. Geben und Nehmen kommen endlich in Balance.« Ich bin letztes Jahr 50 geworden und so langsam verstehe ich, was sie meinte.*

Wie weit reicht mein Licht?

Wir sind jetzt bereit, in einer authentischen Selbstsicherheit die Antwort zu finden auf die innere, auffordernde Frage: »Wie weit reicht mein Licht?« Stellen Sie sich vor, Sie seien eine brennende Kerze. Nicht allein auf die Weite und Helligkeit kommt es an, sondern die wichtige Frage ist: Wo bin ich eine unglaubwürdige Persönlichkeit, die sich über das eigene Licht hinaus aufbläht, die in ihrer Ausstrahlung nicht stimmig ist? (Dieses Phänomen finden wir nicht selten bei Politikern.) Wo stelle ich auf der anderen Seite aber vielleicht »mein Licht unter den Scheffel« und bleibe hinter meinen Möglichkeiten zurück? Wir werden immer sicherer in unserer Selbsteinschätzung, wann es uns gelingt, in Deckung mit uns und unserem Potenzial zu leben.

Wir finden jetzt die richtige Balance zwischen Gelassenheit und Ausgelassenheit. Wir wollen nicht nur so lange leben wie möglich, sondern auch so erfüllt wie möglich. Wir wollen neugierig bleiben, dabei aber erwachsen und manchmal sogar weise. Wir können jetzt loslassen, ohne uns gehen zu lassen.

Aufmerksam sein für den Schicksalssinn

An manchen Tagen erlebe ich die Kraft des Zeitstromes, in dem ich sicher und ruhig schwimme. Ich genieße den neuen Überblick über mein Leben, über das Leben anderer, über das Leben überhaupt. Es ist wie ein neuer Sinn, der Schicksalssinn, der erwacht ist und mir eine gelassene Überschau schenkt, aber auch Bescheidenheit und Demut vor der Komplexität des Lebens und seiner tiefen Zusammenhänge lehrt. Erst jetzt sehe ich die großen und kleinen Steine, das ganze Geröll, das in meinem Leben gestrandet ist. Auf vielen Steinen steht »deine Schuld« und darunter eine klare Erklärung dazu. Seit meiner Jugend weiß ich, dass ich selbst für mein Leben verantwortlich bin und auch die Konsequenzen tragen muss. Ich wollte kein langweiliges Leben, sondern ein Leben mit großem Wellenschlag. Ich war mir bewusst, dass jede Höhe auch ihre Tiefe fordert.

Doch jetzt sehe ich, was ich bisher nicht konkret wahrgenommen habe: Ich habe mit meinem Handeln auch Steine in den Rucksack meiner Kinder gelegt. Jeder von uns muss dieser Tatsache ins Auge sehen, dass vieles in seinem Leben gut war, aber eben vieles auch weniger gut. Dies auszuhalten, fällt nicht leicht und manche beginnen, die Augen davor zu verschließen, indem sie die Zusammenhänge verdrängen. Für unsere Kinder ist es aber wichtig, zu erleben, dass wir heute unsere Fehler sehen, zu ihnen stehen und uns entschuldigen. Gleichzeitig ist es wichtig, zu vermitteln, dass das Ganze doch nicht so schlecht war, die guten, unterstützenden

Aspekte überwiegen und es jetzt an den Kindern ist, ihr Leben in die Hand zu nehmen und etwas daraus zu machen. In manchen Fällen ist es aber doch sinnvoll und notwendig, professionelle Unterstützung zu suchen. Wenn unsere elterlichen Schuldgefühle zu groß werden, ist es gut, folgenden Ausspruch eines Coaches zu beherzigen: »Sicherlich wart ihr ausreichend gute Eltern und das genügt. Kinder brauchen schließlich auch noch Entwicklungsmöglichkeiten für ihr Leben.«

Aus dem Leben: *Als Andreas, der intellektuell sehr begabt ist, mit 21 sein zweites Studium abbrach und seiner Mutter deutlich wurde, dass er vor seinem Leben zögerte, erinnerte sie sich an seine Kindheit. Er war ein mutiger, aufgeschlossener, lebensfroher Junge gewesen. Doch mit 9, mit der Trennung von seinem Vater, hat sich diese Lebensfreude nach innen geschlagen. Er wurde still, scheu, zurückhaltend. Er sagte damals sogar, dass er bei seinem Vater leben wollte, doch das war nicht möglich. Die neuen Verhältnisse waren nicht schlecht, vieles war schön, doch Andreas fehlte deutlich sein Vater, der ihm den Weg zeigte. Heute muss er diese Folgen selbst überwinden. Seitdem das beide – Andreas und seine Mutter – verstanden haben, geht es wieder weiter. Diesen Zusammenhang auszuhalten, ist für seine Mutter nicht leicht. Da hilft dann der kecke Ausspruch von Andreas' Freundin: »Das Leben ist kein Ponyhof!« Mitleid ist kein guter Begleiter. Es braucht eine unterstützende Klarheit und zuversichtliches Vertrauen.*

Das tiefere Verstehen von Zusammenhängen auch in unserer weiteren Umgebung bringt es mit sich, dass wir lernen müssen, Grenzen zu ziehen. Wo sind wir gefragt, wo liegt es in unserer Verantwortung, zu helfen, und wo nicht? Es gilt, zuschauen zu lernen, anstatt durch unsere unerbetene Unterstützung dem anderen die Möglichkeit zu nehmen, aus seinen Fehlern selbst lernen und sich dabei entwickeln zu können.

Konzentration der Kräfte

In den Fünfzigern ziehen sich die Lebenskräfte aus dem Herzbereich des Menschen zurück. Daher gilt es, jetzt mehr bewusste Aufmerksamkeit für den eigenen Lebensrhythmus und die Gewohnheiten zu entwickeln. Wir können verstehen, warum besonders die Manager, deren Berufsleben durch viele Reisen, Orts-, Zeit-, Klima- oder Sprachwechsel bestimmt wird, in diesem Alter statistisch vermehrt von Herz-Kreislauf-Erkrankungen betroffen sind. Für die Frauen gilt es, Anfang fünfzig über die Wechseljahre zu einem neuen Lebensrhythmus zu finden. Für die Männer wird diese Frage erst Mitte fünfzig aktuell. Sie kann sich für beide Geschlechter auf der psychischen Ebene, etwa mit Zukunftsängsten oder depressiven Verstimmungen, zeigen. Oft fordert erst das Auftreten von Bluthochdruck oder anderen Erkrankungen zu einer Neuorientierung auf.

Unsere körperliche Leistungsfähigkeit kann nachlassen. Wir vertragen Verschiebungen im Tag-Nacht-Rhythmus nicht mehr gut. Verdauungsunregelmäßigkeiten begleiten uns vermehrt. Dazu meinte ein Freund von mir: »Männer vor 50 reden, wenn sie sich treffen, über Mädels, Männer nach 50 über ihre Verdauung.« Unsere Figur verändert sich. Manche Frau verliert etwas von ihrer weiblichen Anmut und entdeckt an der Taille einen neuen Ring. Bei den Männern wächst jetzt gerne, »wie von selbst«, ein Kugelbauch. In unserem körperlichen Erscheinungsbild vermindert sich häufig das betont geschlechtlich Weibliche und Männliche und dafür gewinnt man eine neue allgemein menschliche, von den geschlechtlichen Attributen eher unabhängige Attraktivität.

Die Lebenskräfte aus dem Herzbereich stehen uns jetzt in einem neuen Gefühl für den Verlauf des Schicksals zur Verfügung. Wir können nun in Gelassenheit und Diplomatie unser ganzes Führungspotenzial ausschöpfen.

Die Wechseljahre der Frau: Eine Großbaustelle wird geschlossen

Besonders anschaulich zeigt sich das Freiwerden der Lebenskräfte an den Wechseljahren der Frau. Stellen Sie sich den monatlichen Zyklus der Frau als Großbaustelle vor. Da gibt es die unzähligen, fleißigen Arbeiter vom Reinigungstrupp, die einmal im Monat Großputz in der Gebärmutter machen und Eimer für Eimer Gewebe, Zellen, Blut nach außen transportieren. Gleich darauf werden sie von höherer Stelle angewiesen am gleichen Ort wieder Zelle für Zelle eine Schleimhaut aufzubauen, die das Nest werden könnte für eine befruchtete Eizelle. An anderer Stelle wird zeitlich passend ebenfalls monatlich – jeden Monat! – ein Ei vorbereitet und auf die Reise geschickt.

Damit dieses Bauvorhaben an den verschiedenen Baustellen sinnvoll ineinandergreift, braucht es viele Bauleiter in Form von Hormonen. Es ist ein Wachturm nötig, der sich im Kopf in der Hypophyse und im Hypothalamus befindet, in dem gut ausgebildete, spezialisierte Projektleiter sitzen, die die zahlreichen verschiedenen Prozesse regeln und steuern. Dies alles greift Monat für Monat aufs Neue ineinander. Eine Großbaustelle für ein Shoppingcenter ist nichts dagegen.

Es ist nicht verwunderlich, dass dies monatlich mit dem sogenannten Prämenstruellen Syndrom für die Frau vor Beginn der Großreinigung zu Stimmungsschwankungen führt. Es ist nachvollziehbar, dass diese Stimmungsschwankungen und Befindlichkeitsstörungen besonders zu Beginn des Bauprojekts, also mit Eintritt der Menstruation in der Pubertät, auftreten sowie am Ende, also vor und mit den Wechseljahren – wenn die »Arbeiter« sich schon fragen: »Was kommt danach?«

Dann wird die Baustelle nach und nach komplett stillgelegt. Das ineinandergreifende Räderwerk wird abgebaut, die Arbeitszyklen werden gedehnt: Verabschiedung und Entlassung der Mitarbeiter auf allen Ebenen. Arbeitslosigkeit!

Was machen Kräfte, die ohne Arbeit, ohne Aufgabe sind? Sie haben die Neigung, zu vagabundieren! Suchen Sie sich also bei Bedarf neben einer möglichst ganzheitlichen gynäkologischen Begleitung unbedingt eine spezialisierte Beraterin für die Wechseljahre. Es wäre auch ein guter Zeitpunkt für Biografiearbeit mit der Kernfrage: Wer bin ich jetzt? Worin unterscheidet sich mein neues Selbstbild, wo ist es gleich geblieben? Wo solls hingehen mit den neuen Kräften? Wo liegen die nächsten Schritte zu einer neuen Selbstverwirklichung?

STÄRKUNGSJOKER: WIDER DIE RESIGNATION

Was passiert, wenn Sie einen Stein aus dem Fenster werfen? Er fällt nach unten. Genauso geht es uns jetzt: Körperlich fällt das morgendliche Aufstehen schwerer, seelisch zieht uns die Resignation nach unten. Immer wieder lebensbejahend aus ihr herauszutreten, ist von jetzt an eine aktive Leistung, die wir erbringen müssen.

Der Humor kann uns dabei helfen!

Wie steht es um Ihre Beziehungen?

Wir spüren, dass es an der Zeit ist, unsere Kraft und Energie auf das Wesentliche zu richten. Dies kann Konsequenzen von uns fordern – auch in unseren Beziehungen. Ein Bild davon finden wir in der Natur. Warum werden vom Gärtner die morschen, toten Äste der Bäume im Vorfrühling gelichtet? Da die Lebenskraft eines Baumes in seinen Säften von den Wurzeln direkt in die Spitzen der Äste fließt, wird mit dem Auslichten die Kraft des Baumes gesammelt und konzentriert.

So gilt es, jetzt auch für uns zu prüfen: Wo sind Beziehungsäste morsch geworden, wo sind Verbindungen und Freundschaften im Laufe der Jahre brüchig geworden, wo fließt unsere Kraft ins Leere? Unser »Beziehungskosmos« verändert sich im Laufe des Lebens. Es ist jetzt die Zeit, ihn zu aktualisieren. Dazu gehören sowohl der Schmerz von Abschied und Trennung, als auch der Impuls von echter Erneuerung.

ENTWICKLUNGSJOKER: IHR BEZIEHUNGSKOSMOS

Nehmen Sie vier Blätter und bunte Stifte zur Hand und malen Sie Ihren Beziehungskosmos, mit 25, 35, 45, 55 Jahren. Dazu setzen Sie sich als runde Sonne in die Mitte. Um sie herum platzieren Sie als farbige Planeten die Menschen, die in dieser Zeit für Sie wichtig waren. In Farbwahl, Größe, Nähe oder Abstand der Planeten zeigt sich, in welcher Beziehung Sie zu den einzelnen Menschen standen. So wird bildlich deutlich, was wir oft gedanklich nicht greifen können.

Mit 25 rücken die Eltern, die früher nah standen, in den Umkreis. Der Partner und die Freunde versammeln sich um die Mitte des Bildes. Mit 35 bestimmt die eigene kleine Familie den Beziehungskosmos. Mit 45 kommen, beispielsweise durch einen Orts-, Berufs- oder Partnerwechsel, noch einmal neue Einflüsse dazu. Mit 55 entfernen sich die Kinder aus unserem Zentrum. Es wird Raum frei für neue Beziehungen.

In den 50ern entfernt sich für Eltern ungefragt das Zentrum des Lebens von ihnen weg. Für unsere Kinder sind die Eltern nicht mehr Mittelpunkt, sondern die Vergangenheit, die sie weit hinter sich lassen wollen, um in ihre eigene Zukunft zu gehen. Für uns aber war die Lebenszeit mit unseren Kindern die Verwirklichung unserer eigenen Zukunft, sie bildete den Mittelpunkt unseres Lebens. Das, was uns für unsere Orientierung wichtig war, verliert seine Gültigkeit. Diesem Perspektivwechsel müssen wir uns sachlich und unsentimental stellen. Gelingt dies nicht, besteht die Gefahr, dass wir entweder in Ironie und Zynismus verfallen oder mit Rechthaberei daran festhalten, über das Leben unserer erwachsenen Kinder weiter bestimmen zu wollen. Dann geraten wir auch leicht in den Machtkampf mit Jüngeren. Wir steigen ein in den Generationskonflikt und idealisieren unsere Vergangenheit.

Führung mit Überblick und Weitsicht

Die 50er schenken uns die Weite und Überschau, die eine echte, nämlich sach- und inhaltsgebundene und dabei menschliche Führungskraft ausmachen. Wir können jetzt kompetent und konsequent – aus einem Blick für die größeren Zusammenhänge – aus unserer ganzen Lebenserfahrung heraus handeln. Wir nutzen unsere Distanz, bringen an richtiger Stelle unsere Erfahrungen ein und vertrauen auf unsere neue Fähigkeit, strategisch zu denken. Während wir in den Vierzigern lernen konnten, unsere Mitmenschen ohne Vorurteile zu betrachten, beginnen wir jetzt, sie wirklich zu verstehen, und können echte Toleranz leben. Wir können Vorbildfunktion übernehmen, indem wir uns einer Aufgabe dienend zur Verfügung stellen. Unser Blick weitet sich vom zielorientierten »Schritt für Schritt« hin auf den größeren Zusammenhang. Sind wir fähig zu delegieren, dann schaffen wir die Voraussetzung, um unseren eigenen Radius weit auszuschöpfen. Liegt uns eine Sache am Herzen, sind wir bereit, schwere Entscheidungen zu treffen und große Opfer zu bringen.

Im Beruf werden wir entweder zum Stützpfeiler oder zum Klotz am Bein. Lievegoed beschreibt beide Möglichkeiten: »Für den, der die Krise der vierziger Jahre überwunden hat, sind die fünfziger Jahre eine Art Befreiung. Der Horizont wird weiter, neue und weiterreichende Probleme werden sichtbar. Das Leben wird interessanter, der Abstand zu den kleinen alltäglichen Problemen wird größer. Man interessiert sich jetzt mehr für die allgemeinen Planungs- und Führungsprobleme. Man empfindet eine ungekannte und tiefe Freude, wenn man junge Menschen in der expansiven Phase ihres Lebens wachsen sieht. Aus solch einer Haltung kann man jungen Menschen mit Rat und Tat zur Seite stehen und wird von ihnen auch akzeptiert.«

3. Mondknoten: In mir ankommen

Mit 56 treten wir in die Zeit des 3. Mondknotens. Er zeigt sich oft mit einem heftigen Trommelwirbel: ob als Unfall oder Erkrankung, Berufswechsel, Arbeitslosigkeit, Frühverrentung, Betrug oder Betrügen in der Partnerschaft, Neuanfang oder Trennung – jetzt kommt es drauf an: Gelingt der Durchbruch zu mir selbst? Dann wird das Leben neu auf mich zukommen und für mich seinen roten Teppich ausrollen.

Es geht um das endgültige Abrunden der Vergangenheit: Wo habe ich noch etwas in meinem Leben anzunehmen, zu verzeihen, Frieden zu schließen?

Gleichzeitig stellt sich uns die Frage an die Zukunft. Welche Ziele wollen wir noch erreichen? Was liegt uns am Herzen?

Bernard Lievegoed beschreibt das so: »Ein Mensch, der sich kontinuierlich entwickelt, erreicht Mitte Fünfzig einen zweiten schöpferischen Höhepunkt. Er kann seine Erfahrungen überschauen und einordnen, und er ist noch vital genug, sie in seine Arbeit einzubringen. Dies ist das Alter des ›eminent leaders‹, der großen Führungspersönlichkeiten.«

Aus dem Leben: *Das Angebot für den nächsten großen Karriereschritt kam für Martin mit 56. Heute sagt er dazu: »Ich musste nicht lange überlegen, um es abzusagen. In meinem bisherigen Leben habe ich mich immer eindeutig für meinen Berufsweg entschieden. Den privaten Preis musste ich dann allerdings auch bezahlen. Beim Malen wurde mir deutlich, dass diese Absage mich zum Höhepunkt meiner persönlichen Entwicklung gebracht hat. Was äußerlich wie ein Rückschritt erscheinen könnte, bedeutet für mich einen klaren Schritt auf mich zu. Und hier stehe ich jetzt auf dem Hochplateau meines Lebens. Ich weiß, was mir wichtig ist. Ich weiß, wofür ich mir Zeit nehmen möchte. Ich muss es mir nicht mehr beweisen. In diesem Fall lag im Verzicht der Gewinn.«*

ZUR EIGENARBEIT:
ERFORSCHEN SIE DIE JAHRE VON 49 BIS 55

Fragen zum 8. Jahrsiebt

1. Spüren Sie körperliche Veränderungen?
   Stellen Sie eine Abnahme Ihrer Kräfte fest?
2. Wie kommen Sie mit den frei werdenden Lebenskräften zurecht?
3. Bemerken Sie ein Abnehmen Ihrer Schönheit?
4. Sind Sie dabei, eine persönliche Wartungsanleitung zu erstellen?
5. Welche Gewohnheiten müssen Sie dafür verändern?
6. Sind Sie noch flexibel, anspornbar oder stellen Sie ein Erstarren im Physischen, Seelischen oder Geistigen fest?
7. Versuchen Sie, Ihre Arbeitsweise zu ändern, eine neue Führerschaft zu entwickeln, Ihre Kenntnisse und Lebenserfahrung weiterzugeben?
8. Wie gehen Sie mit sich um, pflegen Sie weiterhin den Dialog mit sich und Ihrem Gefühlsmenschen?

9. Geraten Sie mit Ihren Kindern oder mit jüngeren Kollegen in Generationskonflikte?
10. Haben Sie die Begabung oder die Aufgabe, Menschen zu führen?
11. Welche schlummernden Fähigkeiten gibt es, die Sie jetzt wieder hervorholen könnten?
12. Welche sozialen Aufgaben kommen auf Sie zu?
Haben Sie ehrenamtliche Posten übernommen?
13. Wie ist die Beziehung zu Ihrem Partner?
Haben Sie eine neue Nähe finden können?
14. Wie ist Ihr Umgang mit Ihrer Sexualität?
15. Können Sie Ihre Kinder loslassen, sie ihren Weg gehen lassen und sie dabei positiv unterstützen?
Oder wollen Sie sie binden, festhalten, kontrollieren?
16. Lassen Sie Ihre Kinder spüren, dass Sie auch ohne sie sehr gut zurechtkommen werden?
Gibt es in Ihrem Leben einen Umstand, um den sich Ihr Kind sorgen könnte, sodass es deswegen noch zu Hause wohnen bleibt?
17. Wie gehen Sie mit der neuen Rolle Schwiegervater, Schwiegermutter oder Großvater, Großmutter um?
18. Gab es gegen 56, also zur Zeit des 3. Mondknotens innere oder äußere Veränderungen?
19. Spüren Sie etwas vom Schicksalssinn für sich und Ihre Umgebung?
20. Gab es Krisen, Erkrankungen, Unfälle? Drogen, Alkohol, Medikamente oder andere Süchte?
Wie gehen Sie als Frau mit der Menopause um?

Malaufgabe zum 8. Jahrsiebt

Malen Sie sich in einem Moment innerer oder äußerer Führerschaft.

Malen Sie sich am Höhepunkt Ihrer beruflichen Entwicklung.

9. JAHRSIEBT: LEBEN IN EINKLANG MIT MEINER INTUITION

Im 9. Jahrsiebt, also zwischen 56 und 62 Jahren, schauen wir auf ein langes, vielfältiges privates und berufliches Leben zurück. Wir haben gelernt auch mit schweren Lebenssituationen und überraschenden Schicksalsmomenten umzugehen. Wir können unsere Kraft gezielt einsetzen und aus einer neuen Überschau heraus weitsichtig planen. Unsere Zukunft hängt von unserer Gesundheit, dem persönlichen Umfeld und unserer eigenen Entwicklungsbereitschaft ab. Planen wir unseren Vorruhestand, verringern wir unsere Stundenzahl? Sehen wir es als Ehrensache an, bis zum regulären Rentenalter zu arbeiten? Oder gelingt es uns, ein altersgemäß passendes Arbeitsumfeld zu gestalten? Mancher erreicht jetzt den Höhepunkt seines Schaffens und hat noch große Ziele vor sich.

Neue geistige Präsenz

Die Bindung an das Persönliche wird kleiner, an seine Stelle treten Weltoffenheit und Neugier auf das Fremde. Das Weltgeschehen wird mit positivem Interesse verfolgt. Wir stehen noch in unserem Berufsleben und spüren doch, dass es Zeit wird, ans Loslassen und Neuorientieren zu denken.

Da wir immer selbstverständlicher den Blick von einem kleinen persönlichen zu einem größeren übergeordneten Horizont lenken, entdecken wir die Quelle zu einer intuitiven Weisheit. So können wir in einer forschenden Haltung ein objektives Wissen über unsere Mitmenschen erlangen und ihnen mit Toleranz und offenem Interesse entgegentreten. Wir spüren in uns die Kraft echter Religiosität, Demut und Dankbarkeit. Wir können für unsere Umgebung, vor allem für die jungen Menschen, eine wichtige Leitfigur sein.

Der unreife Mensch hält an seinen Pfründen fest. Aus Angst vor der Frage, was noch kommen soll, geht er stur seinen Gewohnheiten nach und wird zunehmend engstirnig und starrsinnig: »Das war schon immer der richtige Weg und hat zum Erfolg geführt. Ich weiß nicht, warum sich das auf einmal ändern sollte.« Er reitet auf alten Prinzipien herum und verweigert jede Erneuerung. Er lässt die jungen Mitarbeiter am langen Arm verhungern, gibt keine Verantwortung ab und behält die Zügel fest in der Hand: »Solange ich hier bin, kommt keiner an mir vorbei!« Sein Blick ist in die Vergangenheit gerichtet. Er ist nachtragend und verzeiht nicht. In ihm ist eine zerstörerische Kraft, die nicht loslassen kann, nicht abgeben kann und der nächsten Generation somit ihre Chance für die Zukunft verbaut. Manches Unternehmen musste zugrunde gehen, weil seine Begründer nicht den rechten Moment für den eigenen Abschied gefunden haben.

ENTWICKLUNGSJOKER: WIE SIE DIE KRAFT IHRER INTUITION STÄRKEN

- Nehmen Sie sich Zeit, dankbar zu sein für die kleinen und die großen Dinge des Lebens. So verbinden Sie sich mit der Welt und pflegen den Resonanzraum, der Sie öffnen kann für ein Verstehen gerade auch von neuen, unbekannten Situationen.
- Üben Sie sich täglich in Ihrer Unbefangenheit. Sie ist ein wirksames Heilmittel gegen körperliche und seelische Erstarrung. Wo waren Sie heute unbefangen? Was haben Sie heute Neues gesehen oder erlebt, auch im Bekannten? Treten Sie den Menschen Ihrer nahen Umgebung unvoreingenommen gegenüber und fragen Sie sich dabei neugierig, wo diese sich verändert haben.

Mit einer Haltung der Unbefangenheit öffnen Sie sich für neue Lösungen in den kleinen und größeren Fragen Ihres Lebens.

Der reife Mensch freut sich an dem Engagement seiner jungen Kollegen und diskutiert gerne neue Ideen. Er gibt Stück für Stück seine Verantwortung ab, weil er aus eigener Erfahrung weiß, dass man so am besten fähige und umsichtige Mitarbeiter bekommt. Er sucht rechtzeitig nach Nachfolgern und arbeitet sie in das Aufgabengebiet ein. Den entstehenden Freiraum weiß er zu nutzen, um aus einer weiten Überschau in die Zukunft die nächsten Schritte zu planen. Er strahlt Enthusiasmus und Lebensfreude aus. Er unterstützt die nächste Generation, wo er kann. Er sucht sich Aufgaben, die ihm am Herzen liegen.

Wir müssen nicht mehr im Mittelpunkt des Geschehens stehen, sondern betrachten das Leben mehr von außen, um an einzelnen Stellen gezielt einzugreifen. Wir nehmen uns zunehmend zurück und geben damit den jüngeren Menschen einen Boden, auf dem sie tätig werden können. Dabei geben wir den aktiv Tätigen die Sicherheit, dass da jemand ist, der jenseits seines persönlichen Profits den Fortgang mit wachem Verstand begleitet und seine Meinung offen ohne falsche Rücksichtnahme einbringt. Diese freie, unabhängige Haltung hat einen hohen Wert. Gleichzeitig können wir uns entspannt zurücklehnen.

Was steht auf Ihrer Wunschliste?

Die anstehende Pensionierung ist ein guter Zeitpunkt für den Beginn einer Wunschliste. Wer sind wir, wenn wir nicht mehr das Kleid unseres Berufes tragen werden? Werden wir zu den Menschen gehören, die auf ein Anmeldeformular bei »Beruf« schreiben: Lehrer, Handwerker, Architekt außer Dienst, oder zu denen, die es vollmundig genießen, jetzt ein Rentner, das heißt, ein freier Mensch zu sein?

Um sich den Übergang aus dem Berufsalltag zu erleichtern, suchen sich viele schon im Voraus neue Aufgaben. Ich glaube, es ist wichtig, jetzt mit viel Fantasie eine persönliche Wunschliste zu erstellen. Da Sie mit jeder Verantwortung, die sie abgeben, Freiraum schaffen, ist auf Ihrer Wunschliste Platz für alles, was Sie schon immer tun wollten, für Dinge, von denen Sie bis jetzt noch nichts gewusst haben, für kleine und größere Abenteuer.

ENTWICKLUNGSJOKER: IHR WUNSCHBUCH

Im nächsten Urlaub nehmen Sie sich allein oder mit Ihrem Partner Zeit, von der Zukunft zu träumen. Schreiben Sie Ihre Wünsche in ein schönes Buch. Trauen Sie sich dabei ruhig auch große Träume zu, wagen Sie es, Ihre Grenzen zu sprengen. Sowohl die realistischen kleinen Ziele, Ausflugsideen oder neue Hobbys als auch die ganz großen Visionen werden in Ihrer Seele Türen öffnen. Vielleicht merken Sie auch, dass Sie mit dem Umsetzen jetzt schon anfangen möchten. Umso besser! Schreiben Sie gleich auf, wie das konkret aussehen könnte. Denken Sie daran: Lieber einen kleinen Schritt gehen, als von einem großen Schritt träumen! Sie könnten beispielsweise einen Abend in der Woche dafür einplanen …

Die Lebenskräfte ziehen sich zum Teil aus unseren Sinnen und dem Nervengewebe zurück. Dies kann sich in einer Sehbeeinträchtigung durch den grauen Star, in Schwerhörigkeit, beginnender Vergesslichkeit und Starrsinn zeigen. Es ist jetzt besonders nötig, unsere Sinne zu pflegen, bewusst wahrzunehmen und sich nicht aus der Welt zurückzuziehen.
Die Knochen beginnen sich zu demineralisieren. Manche von uns spüren die ersten Zeichen der Arthrose – morgens tun die Knochen weh, bis man sich »eingelaufen« hat.

Die frei werdenden Kräfte können zu einem neuen, geistgetragenen Schauen, Lauschen und damit Verstehen der menschlichen

Zusammenhänge führen. Neue innere Pfade können gegangen werden. Dies ist die Voraussetzung für den tiefen, inneren Frieden, den wir jetzt erlangen können. Es zeigt sich, ob wir den Blick vor allem sentimental in die Vergangenheit richten oder ob wir mit immer neuer Kraft die frei werdenden Sinneskräfte nutzen, nach vorne zu schauen. Was liegt in der Zukunft jenseits unserer von Gegebenheiten und Unvollkommenheiten beschränkten Gegenwart? Worin kommt uns die Zukunft entgegen? Welche Richtung will sie uns weisen? Dann strahlen wir eine zeitlose Gegenwärtigkeit aus. Dies macht uns zu einem wirklich interessanten Gesprächspartner besonders für die jungen Menschen.

Die Dichterin Hilde Domin besuchte gerne Schulklassen. Sie erzählte nüchtern und sachlich aus ihrem Leben, von den Erlebnissen in Deutschland während des Nationalsozialismus, ihrer Flucht und dem Leben im Exil. Doch blieb sie nicht in ihrem Schicksal hängen, sondern nahm es zum Anlass, sich für Exilanten, Migranten und politisch verfolgte Menschen einzusetzen. Sie überzeugte in ihrer Hoffnung für das Gute: »Nicht müde werden, sondern dem Wunder leise wie einem Vogel die Hand hinhalten.«

Wenn wir Eltern der Eltern werden

Unsere Eltern sind alt geworden. Oft leben wir nicht am selben Ort wie sie. Spätestens in diesem Jahrsiebt stellen sich für viele erwachsene Kinder Fragen der Betreuung und Pflege. Diese neue Aufgabe zu akzeptieren und anzunehmen, fällt uns oft nicht leicht. Haben wir doch das Gefühl, gerade erst mehr Freiraum bekommen zu haben, nachdem wir die eigenen Kinder auf ihrem Weg begleitet haben. Und jetzt sollen wir schon die nächste familiäre Pflicht übernehmen? Wie integrieren wir diese erneute Familienaufgabe in unser eigenes Leben?

Erschwerend müssen wir anerkennen, dass sich unser Verhältnis verändert hat, besonders wenn die Eltern in ihrer Entwicklung zurückgefallen sind oder zunehmend von Demenz erfasst werden. Wie kommen wir damit zurecht, wenn ihr Verhalten brüsk, fordernd, kränkend wird?

Da die Eltern jetzt immer stärker in der Vergangenheit leben, werden wir – schwupps – wieder in die Kinderrolle gedrängt und mit den alten Vorwürfen überschüttet. Die Eltern können sagen: »Ich wollte nie ins Altersheim, das verdanke ich dir! Du warst schon immer egoistisch und hast nur an dich gedacht. Wie gut, dass deine Schwester auch noch da ist.« Solche Sätze verletzen uns tief, weil wir doch alles versuchen, was in unseren Möglichkeiten steht. Besuchen wir die Eltern, hören wir: »Bleib doch bitte länger. Du kommst viel zu selten.« Am Telefon heißt es: »Wann kommst du wieder? Wann rufst du das nächste Mal an?« Da Gespräche oft gar nicht mehr richtig möglich sind, ist es schwer, die Besuchszeit zu füllen. Schwierig und schmerzlich ist es aber auch, zu erleben, wenn die Eltern durch eine Demenz nicht mehr konkret ansprechbar sind und uns vielleicht nicht mehr erkennen.

Erwachsensein statt schlechten Gewissens

Zunächst hilft es, sich bewusst zu machen, dass die Eltern in den letzten Raum ihres Lebens eingetreten sind. Es ist für sie nicht einfach, diesen Raum positiv zu füllen, zumal die Kräfte schwach geworden sind. Oftmals erleben die alten Menschen eine große Einsamkeit. Alte Ängste und die Angst vor dem Sterben können übermächtig auftauchen. Sind viele Medikamente nötig, dann verändert sich das Wesen des geliebten Menschen zusätzlich.

Gerade wenn die Eltern uns in die alte Kinderrolle ziehen wollen, ist es wichtig, aus dieser Rolle herauszutreten. Spätestens jetzt ist es an der Zeit, alle bewussten und unbewussten Erwartungen, die wir noch an unsere Eltern haben, loszulassen. Es gilt ein neues Verhältnis zu finden. In manchen Fällen müssen wir uns eingestehen, dass die alte liebende Verbundenheit zu den Eltern, besonders wenn sie garstig oder nicht ansprechbar sind, versiegt scheint. Mit einem schlechten Gewissen schauen wir auf unsere Eltern.

Jetzt sind wir in unserem ganzen Erwachsensein gefragt. Können wir die Dankbarkeit fühlen für alles, was die Eltern für uns getan haben? Betrachten wir die Situation unsentimental und ohne schlechtes Gewissen? Es ist notwendig, dass wir von nun an in die sorgende, begleitende Elternrolle treten und unseren Eltern zugestehen, die zu umsorgende, abhängige Kinderrolle einzunehmen. Treten wir aus den familiären Verflechtungen heraus in ein distanzierteres, professionelles Verhältnis, erleichtert das die Situation.

Schätzen Sie realistisch ein, wie Sie Telefonate und Besuche aus dieser Haltung heraus gestalten können. Holen Sie sich genügend professionelle Hilfe dazu, besonders wenn Sie die Pflege zu Hause organisieren. Seien Sie aufmerksam dafür, wann Sie geneigt sind, in die Rolle des Kindes zurückzurutschen. Besinnen Sie sich dann auf Ihr Alter und Ihre Kompetenzen. Bedenken Sie, dass Sie selbst auch in absehbarer Zeit in der Situation Ihrer Eltern sein können, in der Sie ihrerseits abhängig von Hilfe und Beistand sein werden. Suchen Sie sich selbst frühzeitig kompetente Unterstützung.

Aus dem Leben: *Ich nehme täglich, nach vielen eigenen gesundheitlichen Krisen, mehr und mehr Abschied von meiner zunehmend dementen und pflegebedürftigen Mutter. Ich bin der festen Überzeugung, dass mir die Auseinandersetzung mit meiner Biografie geholfen hat, die Beziehung zu meiner Mutter in der Jugend und auch im jungen Erwachsenenalter besser zu verstehen, und mir die Kraft für die derzeit schwierige Situation verleiht. Vor allem hilft mir mein Wissen, meine Mutter Schritt für Schritt loszulassen, obwohl es mir sehr schwerfällt, sie geistig nicht mehr erreichen zu können.«*

Mit dem Gesetz der Resonanz leben

Das Sprichwort »Wie es in den Wald hineinruft, so schallt es heraus!« spricht die Kraft der Resonanz an, für die wir in jüngeren Jahren noch kein echtes Empfinden haben konnten. Jetzt dürfen wir beginnen, viele der zahlreichen Lebensweisheiten, die wir so oft gehört und für banal gehalten haben, in ihrer schlichten Tiefe und Wahrheit zu verstehen.

Zunächst sensibilisieren wir uns für das Wirken von geistigen Kräften, um dann diese Kraft, die von außen zu uns zurückkommt und die wir unser Umkreis-Ich nennen wollen, zu spüren und mit ihr aktiv umgehen zu lernen.

Unser Ich lebt in zwei gegensätzlichen Gesten: einmal aus dem Zentrum heraus aktiv und tätig und zum anderen aus dem Umkreis empfangend und lauschend. In unserem Zentrums-Ich sind wir wach und selbstbewusst, so zum Beispiel, wenn wir sprechen. Im Umkreis-Ich sind wir schlafend, träumend oder unbewusst, zum Beispiel, wenn wir zuhören. Pflegen wir diese Umkreiskräfte, so entsteht eine lauschende Aktivität, wie wir sie vom aktiven Zuhören kennen. Beim aktiven Zuhören wird man selbst innerlich ganz still, man wird zur Schale, die das Gesagte empfängt.

Es gibt diese beiden Pole des bewussteren Zentrums-Ich und des unbewussteren Umkreis-Ich in folgenden Lebensbezügen:

Zentrums-Ich	Umkreis-Ich
einatmen	ausatmen
sprechen	zuhören
wach sein	schlafen
erste Lebenshälfte	zweite Lebenshälfte
leben	sterben

Mit dem aktiven Zuhören öffnen wir uns den Kräften der Resonanz und der Inspiration. Wir lesen dann die Ereignisse in ihrer Tiefe und versuchen, uns dem Wesentlichen und dem Wesenhaften zuzuwenden.

Mit Gelassenheit und Geduld entwickeln wir ein Gefühl für den rechten Zeitpunkt. Wir lernen, Dinge abzugeben an unsere Umgebung, aber auch aufmerksam zu sein, was auf uns zukommt.

ZUR EIGENARBEIT: ERFORSCHEN SIE DIE JAHRE VON 56 BIS 62

Fragen zum 9. Jahrsiebt

1. Erleben Sie, dass Ihre Sinne, Ihre Denkkraft oder Ihr Gedächtnis müde und schwächer werden?
   Was tun Sie dagegen?
2. Sind Sie noch weiterhin offen für Neues, flexibel und ansprechbar?
3. Welchen Sinn sehen Sie in Ihrem Leben zum heutigen Zeitpunkt?
4. Welche Lebensziele haben Sie erreicht?
   Mit welchen Enttäuschungen, Verlusten und Niederlagen sind Sie konfrontiert worden und wie gehen Sie mit ihnen um?
5. Was möchten Sie nach Ihrer Berufstätigkeit machen?
   Haben Sie schon begonnen, eine Liste zu schreiben mit Ihren Wünschen für die Zeit im Ruhestand?
6. Wie beurteilen Sie das Leben Ihrer Kinder?
   Messen Sie sie an Ihrem eigenen Erfolgsrezept?
7. Können Sie das Schicksal Ihrer Kinder getrennt von dem Ihrigen betrachten und begreifen?
   Wie ist Ihre Beziehung zur jüngeren Generation?
8. Gibt es Erkrankungen oder Behinderungen, die Sie einschränken?
   Wie gehen Sie mit ihnen um?

9. Holen Sie manchmal Erlebnisse Ihrer Kindheit ein? Welche sind das und wie gehen Sie mit ihnen um?
10. Gibt es in den Familienbeziehungen noch Themen, die geklärt werden sollten?
11. Pflegen Sie täglich geistige oder religiöse Rituale?
12. Wie ist Ihre Verbindung zu den Verstorbenen?
13. Wann erleben Sie Momente zeitloser, geistiger Jugendlichkeit? Was braucht es dafür?
14. Empfinden Sie Ihr Leben als harmonisch ausgeglichen oder haben Sie das Gefühl, dass Ihnen etwas fehlt?
15. Sind Sie bereit, das Wesentliche in Ihrem Leben vom Unwesentlichen zu unterscheiden?
16. Können Sie Abschied nehmen?
17. Ist Ihre finanzielle Situation abgesichert?
18. Welche Ziele möchten Sie noch erreichen?
19. Können Sie Ihre neue Unabhängigkeit und Freiheit jenseits der Höflichkeit und Sitte genießen?
20. Fühlen Sie einerseits eine echte Toleranz und nutzen andererseits auch einmal die neue Chance, Ihre Umgebung mit Ihrer Meinung zu konfrontieren?

Malaufgabe zum 9. Jahrsiebt

Malen Sie einen Begegnungsmoment, in dem Sie einem anderen Menschen geistiger Führer sein konnten, in dem Sie aus einer vielleicht neuen geistigen Jugendkraft raten konnten.

Aus dem Leben

Seele des Menschen, wie gleichst du dem Wasser!
Schicksal des Menschen, wie gleichst du dem Wind.
Johann Wolfgang v. Goethe

Es ist sicher schon zehn Jahre her, dass ich in unserer Tageszeitung einen Spruch ausgeschnitten habe, der mich tief berührt hat, gleichwohl ich ihn kein bisschen verstehen konnte. Ich klebte ihn mir an eine Wand in der Küche neben dem Kühlschrank, und dieser Platz brachte es mit sich, dass ich ihn bald auswendig konnte. Dabei fragte ich mich immer wieder verwundert: Was wollte Johann Wolfgang von Goethe nur mit diesem Satz sagen? Ich drehte und wendete diesen Satz in alle Richtungen. Wo und wann gleicht bitteschön die Seele dem Wasser? Wenn schon, dann gleicht sie doch eher dem Wind, oder? Wo bitteschön gleicht also das Schicksal dem Wind?

Die innere Sicherheit, dass Goethe diesen Satz nicht zufällig formuliert hatte, auch wenn er mir und meiner Fantasie verschlossen blieb, und die Anziehungskraft, die er für mich hatte, ließen mich ihn immer wieder lesen und den Kopf schütteln.

Jeden Sommer möchte ich etwas Neues lernen. Dieses Jahr hatte mir eine meiner Patientinnen Mut gemacht zum Surfen, weil sie es auch erst mit über 50 und sogar auf dem Meer gelernt hatte. Das hat mich herausgefordert. Adam, mein damals dreizehnjähriger Sohn, hatte auch große Lust dazu. So suchte ich uns eine Surfschule in der Umgebung. Surfen lernen, so glaubte ich, bedeutet mindestens 100 Mal vom wackligen Brett ins Wasser fallen, bevor man überhaupt die Chance hat, das Segel hochzuziehen, und dann geht es immer so weiter. Ich wusste, dass mein Gleichgewichtssinn durch meine Hüfterkrankung schlecht ist. Ich dachte mir, Susanne, du hast Humor, es wird viel zu lachen geben und du hast es dann zumindest mal probiert. Ich war aufgeregt und hatte auch Angst.

Wir fanden den See und die Surfschule sofort. Der See war klein und überschaubar, das flößte etwas Beruhigung ein. Das Ehepaar Sonja und Roland, die die Schule als Nebenjob aus Begeisterung führten, war sehr offen und direkt. Wir bekamen Anzüge und dann ging es gleich los. Roland gab mir das unvorstellbar gute Gefühl, wie an einer Leine zu hängen. Ich fühlte mich wie im Sicherheitsgurt. Er beobachtete alles, was wir machten, gab jedem von uns den passenden und immer ermutigenden Kommentar, er leitete uns Schritt für Schritt an. Dabei motivierte er Adam und bremste ihn gleichzeitig in seinem jugendlichen Übermut. Mir dagegen sprach er zu, begleitete langsam jede Bewegung, lobte oder verbesserte und war immer auf seinem Surfbrett neben uns stehend ganz dicht dabei. Ich fiel nicht ein Mal ins Wasser. Zunächst lernten wir das Segel aufs Brett zu hieven, mit einem Fuß festzuhalten, um von jedem Ort wieder zurück zum Ausgangspunkt zu gelangen. Ein einziges Mal landete ich dabei im Wasser. Dann lernten wir das Segel hochzuziehen, aufrecht stehen zu bleiben und dann das Segel in den Wind zu stellen. Schritt für Schritt mit guter Technik und wenig Krafteinsatz gelang mir auch dies ohne einen weiteren Sturz. Mein Herz klopfte die ganze Zeit. Doch das Ufer des Sees war zu allen Seiten nah und Roland vermittelte durchgängig dieses unvorstellbare Gefühl, angeleint und sicher zu sein.

Und dann geschah es: Der Wind fuhr in mein Segel, ich stand etwas wacklig, aber ich stand auf meinem Brett, das Wasser begann, sich um mein Brett zu kräuseln, und ... das Surfbrett setzte sich in Bewegung. Das Glücksgefühl, das mich völlig überraschte, war unvorstellbar groß. Ich stand aufrecht zwischen Wasser und Wind und fuhr und blieb dabei stehen, fiel nicht und fuhr weiter. Mir schossen die Tränen in die Augen, ich ließ das Segel sinken und kniete mich berührt aufs Brett. Roland rief: »Bleib doch stehen, du machst es super, du kannst einfach weiterfahren!« Ich rief zurück. »Ich bin so glücklich, dass ich weinen muss!« Später zurück an Land sagte mir Roland, er habe in seiner Laufbahn als Surflehrer schon viel erlebt, aber noch nie habe jemand vor Glück geweint dabei. Er lobte Adam und mich, weil wir beide in der ersten Stunde gesurft waren. Wir waren mordsmäßig stolz, wir hatten es beide geschafft zu surfen! Ich versicherte Roland, wie viel Angst und Bedenken ich gehabt hätte, wie unbegabt ich eigentlich sei und wie sicher und nah, vertrauend ich mich durch ihn geführt gefühlt habe. Er habe mir in jedem Moment die Hand gereicht. Er sei ein toller Lehrer mit ausgesprochen therapeutischer Begabung. Er lachte und meinte, es mache ihm halt große Freude, seine Schüler vom Surfen zu begeistern. Und das war ihm gelungen!

Mit dem Glücksgefühl, das mich, auf dem Brett stehend, ergriffen hatte, fiel mir der Spruch von Goethe ein, und ich verstand ihn unmittelbar mit dem Kopf, dem Herz und jeder Faser meines Körpers. Wie ein Sonnenaufgang am Horizont der See ging mir ein neues Licht auf: Ja, na klar, die Seele des Menschen gleicht dem Wasser. Je nach Charakter ihres Trägers liegt sie ausgebreitet seicht, flach oder tief; nah oder weit, klar oder trüb. Sie trägt in sich unsichtbar alle Erfahrungen, die sie gemacht hat.

Wasser ist ein gutes Medium, um Erlebtes zu speichern. In der Homöopathie wird Wasser gerne als Trägermedium genommen, denn es speichert die Information des Heilmittels in tiefen Potenzen, wenn die Heilpflanze noch substanziell messbar vorhanden ist. Aber es speichert eben vor allem auch die besondere Heilmittelinformation der Hochpotenzen, die substanziell nichts mehr enthalten und aus einer anderen Sphäre heraus therapeutisch sehr kraftvoll wirksam sind. So ist es auch mit unseren Erfahrungen und Erlebnissen, die in uns liegen, die uns prägen und ausmachen, auch wenn wir uns ihrer gar nicht über unsere Erinnerung bewusst sein müssen.

Und der Wind, der über das Wasser streicht, gleicht dem Schicksal, dem wir in unserem Leben begegnen. Ob unser Schicksal einer heiteren Brise gleicht, ob es mit Kraft das Wasser zu Wellen kräuselt oder ob es als Sturm die Wellen zum Brechen zwingt, das Wasser unserer Seele ist dem Wind des Schicksals völlig ausgeliefert. Der Wind prägt seine Spuren dem Wasser ein, wie das Schicksal der Seele. Wir können nicht sagen, ich pack mein Bündel und weiche meinem Schicksal aus, denn es gehört zu uns, wir nehmen es immer mit. Doch unser Ich – es vermag sich aufrecht dazwischenzustellen. Wir können unser Segel hissen, wir können lernen zu surfen, wir können uns aufspannen zwischen unser Schicksal und unsere Seele und in freier Fahrt unseren Kurs nehmen. Jetzt spüren wir in uns die Kraft und Zuversicht für unseren eigenen Lebenskurs. Diese tiefe Erkenntnis war der Grund der Tränen, des unsagbaren Glücksgefühls. Tränen weisen uns die Spuren unseres Ich.

Am nächsten Tag kam die zweite Stunde, ich fiel wieder nicht ins Wasser, ich hielt mein Segel, stand aufrecht und fuhr. Wir lernten die ersten Begriffe des Steuerns und waren unglaublich stolz, als wir zurück zur Surfschule segelten!

Das Erlebnis hat Adam und mich stärker verbunden, wir hatten gemeinsam etwas Neues gelernt, das wir im nächsten Jahr auf jeden Fall zusammen fortsetzen wollten.

Und ich hatte ganz unverhofft etwas verstanden über das Leben und meine Arbeit. Es lohnt sich, mit offenen Fragen zu leben, sie in der Seele zu tragen, auch wenn man noch nicht weiß, wozu. Das hält uns offen für die Zukunft, die wir ja auch nicht kennen. Natürlich brauchen wir auch Antworten, sie geben uns Sicherheit, zugleich aber legen sie uns fest und sind Teil unserer Vergangenheit. Die Zukunft kommt auf uns zu. Wir können uns auf sie vorbereiten und für sie öffnen, sodass wir wacher werden für die wesentlichen Momente. Das nennen wir Geistesgegenwart. Mit unbeantworteten und unverstandenen Fragen zu leben, lässt den Boden in uns fruchtbar werden für Geistesgegenwart.

Der Blick nach vorne: Der Lebensfaden wird weitergesponnen

Es ist passend, dass unser Leben mit der Pensionierung in der Mitte der Sechziger eine Abrundung erfährt. Es liegt an uns, ob wir uns mit Bitterkeit, Frustration, Vorwürfen oder Schuldgefühlen quälen oder ob wir in neuer Lebensfreude von innen zu leuchten beginnen und uns mit der frei gewordenen Zeit und Kraft für neue Themen begeistern lassen können.

BEGINN EINER NEUEN EPOCHE

Nach dem 63. Lebensjahr betreten wir schon rein äußerlich mit dem Abschluss der Berufstätigkeit abermals einen neuen Lebensabschnitt. Jetzt zeigt es sich, ob wir uns gut darauf vorbereitet haben: Haben wir gelernt unser Lebenskonzept regelmäßig zu überprüfen und zu aktualisieren? Erinnern wir uns gerne an die Fülle unseres Lebens, ohne sentimental oder vorwurfsvoll zu werden? Konnten wir uns gut von unserer Berufstätigkeit verabschieden? Blicken wir mit freudiger und helfender Anteilnahme auf den Lebensweg unserer Kinder? Haben wir Frieden geschlossen mit unserem bisherigen Leben? Haben wir uns überall, wo es nötig war, ausgesprochen, uns entschuldigt? Sind wir bereit, uns den offen gebliebenen Fragen zu stellen?

Wir bleiben mit den Themen unseres Lebens weiterhin verbunden, doch können wir jetzt aus ihnen quasi heraustreten. Damit sehen wir einer freien Zukunft entgegen, in der neue Aufgaben auf uns warten können.

Aus dem Leben: *Eine 75jährige Dame besuchte mit lebhaftem Interesse mein Biografie-Seminar. Sie beschäftigte sich offen mit den Fragen und dem Bildthema und nahm rege Anteil an der Gruppe. Vor dem dritten Abend kam sie zu mir und sagte: »Wissen Sie, ich finde Ihre Arbeit sehr interessant und wünschte mir, ich hätte sie vor zwanzig Jahren kennengelernt. Heute habe ich Frieden gemacht mit* *meinem Leben. Es ist alles gut, wie es war. Ich habe diese Woche eine junge, alleinerziehende Türkin kennengelernt. Sie lebt mit ihren drei kleinen Kindern in unserem Haus. Die Kinder freuen sich sehr, wenn ich sie besuche und mit ihnen spiele und lese.*

Hier spüre ich, dass ich gebraucht werde und die junge Familie in ihrem Alltag wirklich unterstützen kann. Wenn ich abends die Kinder hüte, kann ihre Mutter in die Volkshochschule gehen, um Deutsch zu lernen. Das ist mir jetzt wichtiger als Ihr Seminar. Ich hoffe, Sie können das verstehen!«

Im Winter des Lebens

Wir können die ersten 21 Jahre als den Frühling des Lebens betrachten, in dem wir mit sattem, grünem Lebenssaft hineinwachsen in unser Leben. Von 22 bis 42 leben wir den Sommer unseres Lebens. Im Schein der Sonne richten wir uns ein, finden unseren beruflichen Platz, begründen unsere Familie, ziehen die Kinder groß. Es sind die zentralen Jahre des privaten Lebens. Von 43 bis 62 gilt es, im Herbst die reifen Früchte zu ernten. Getragen von innerer Ruhe und Sicherheit erkennen und ergreifen wir unsere Aufgabe in der Welt.

Vergleichen wir das Leben nach 63 mit einem klaren Wintertag in den Bergen: Das Tal ist von glitzerndem Neuschnee bedeckt. Die Bäume zeigen sich klar und prägnant in ihrer unterschiedlichen Gestalt. Schmal und abwärts geneigt die Birke, strahlig spitz in alle Richtungen die Tannen, rund geformt und dunkler die Kiefern, offen und weit die Obstbäume. Die Luft ist kalt und klar. Im Hintergrund die hohen Gipfel der Berge in ihrer ruhigen, zeitlosen Präsenz. Darüber der blaue Himmel in strahlender Wintersonne. Es scheint, als gäbe es keine Schatten. Über alles Irdische in seiner Gebundenheit und Begrenztheit liegt gnädig ausgebreitet eine weiße Decke, die uns, egal was darunter verborgen ist, an einen Neuanfang glauben lässt.

Mit Beginn des Rentnerdaseins brauchen wir einige Zeit der Umstellung und Gewöhnung an unser neues Leben, in dem es nun keine von außen auferlegte Routine mehr gibt. Abhängig von unserer körperlichen Gesundheit können wir uns jetzt noch einmal ganz frei auf das Leben einlassen. Jenseits von Konvention und Höflichkeit, jenseits von Rollen und Verpflichtungen können wir uns reich an Lebenserfahrung und der daraus entstandenen Weisheit und Gelassenheit in neuer Ungebundenheit und dem Gefühl von Freiheit dem Leben zuwenden.

Die freie Ungebundenheit von allen Zwängen des Alltäglichen und ein sachliches Verstehen der Lebenszusammenhänge jenseits aller Sentimentalität gibt dem Leben eine neue Richtung. Der Himmel ist näher gerückt.

Und dann gibt es diese unangenehmen Schmuddeltage, an denen sich die kahlen Äste der Bäume ohne jedes Leben in eine graue Wand hineinschneiden. Jeden Knochen scheinen wir zu spüren und der Tod scheint uns schon von der Schwelle zuzuwinken. An solchen Tagen besteht die Gefahr, dass wir uns zurückziehen, in Gesprächen vergangenheitsorientiert, egozentrisch oder starrsinnig werden. Dagegen steht die Möglichkeit zu einer liebevollen, empathischen, humanen Lebenshaltung.

Im Alter können wir es mehr denn je spüren, dass wir alle immer letztlich in Gottes Hand liegen und es an ihm ist mitzuentscheiden, was der nächste Tag bringen mag.

Aus dem Leben: *Volker mit seinen 74 Jahren fordert beim Tango besonders gern die unscheinbaren Tänzerinnen, die lange am Rand sitzen, zum Tanzen auf. Er sagt von sich: Ich bin entschuldet. Seit einiger Zeit fühle ich mich hinter der Schuld. Ab einem gewissen Alter wird dann das Leben immer fröhlicher.*

STÄRKUNGSJOKER: NEGATIVE GEDANKEN BANNEN

Zum Umgang mit negativen Gedanken und Gefühlen: Nehmen Sie sich jeden Tag morgens 20 Minuten Zeit, in denen Sie frei von der Leber weg, völlig ungeschminkt alles aufschreiben, was Sie enttäuscht, ärgert, unzufrieden macht. Danach lassen Sie für den Rest des Tages keine dieser negativen Gedanken mehr zu. Mit der Zeit werden Sie bemerken, dass die negativen Gedanken weniger werden und Sie auch nicht mehr überspülen.

Die Lebenszeit nach 63 Jahren

Die Jahre ab 63 können wir wie eine höhere Oktave der Jahre von 42 bis 63 verstehen. Der, dem ein langes und gesundes Leben geschenkt ist, kann jetzt wie aus einer noch objektiveren Warte heraus in der Welt wirksam werden.

Im Familienbund können wir uns als Großeltern liebevoll mit unseren Enkeln beschäftigen. Die Eltern, einst unsere Kinder, sagen dann vielleicht: »Das hätte ich mir als Kind auch einmal so gewünscht!« Hier erleben wir deutlich, dass wir als Großeltern nicht mehr durch Familienthemen oder Erziehungspflichten gebunden sind, sondern frei agieren können.

Die Lebensphase von 63 bis 69 steht in einem inneren Zusammenhang zum ersten Jahrsiebt. Einerseits können wir dies, noch unmittelbarer als in den Vierzigern, in einer Verbundenheit zu unserem Urvertrauen und zu Gott erleben. Andererseits können die Ängste aus der Kindheit, die noch ungelöst in unserem Unbewussten stecken, wieder in uns auftauchen. Allein um die innere Verbindung der Jahrsiebte zu wissen, kann uns schon helfen, die auftauchenden Gefühle einzuordnen und zu bejahen.

Vorsicht: Eltern-Kind-Beziehung in der Partnerschaft

Für Paare entsteht jetzt häufig eine neue Situation: Die Rente hat begonnen, die Kinder sind längst ausgezogen und es beginnt eine neue Zweisamkeit. Dies kann für die Partnerschaft ein Beziehungs-Frühling werden. Einerseits kann das Paar anknüpfen an die Zeit seiner zweisamen Verliebtheit. Andererseits können jetzt miteinander und allein neue Interessen entdeckt und gepflegt werden.

Für den Mann bedeutet das Ende der Berufstätigkeit ein inneres und äußeres Loslassen. Er hat jetzt endlich den inneren Freiraum und die äußere Muße, sich ganz neuen Themengebieten zu stellen. Seine Haut wird dünn und er ist selbst überrascht, wie leicht er zu Tränen gerührt sein kann.

Als Frau, die wir früher nah an den Emotionen lebten, haben wir nach der Menopause eine viel sachlichere, zielgerichtete Anschauung der Welt. Es ist wichtig, dass wir diese Kraft auf ein Thema, das uns wichtig ist, richten. Sonst besteht die Gefahr, dass wir als Partnerin in ein Mutter-Kind-Verhältnis rutschen, in dem wir uns als Frau aufgefordert sehen, auf unseren Mann zu achten, ihm zu sagen, was er wann, wie und wo tun soll, da wir das Gefühl bekommen, er könne das allein nicht mehr so gut. Der Mann rutscht dann leicht – allein um seinen Frieden zu halten – in die Kind-Rolle hinein. Beide Partner fühlen sich in so einem Beziehungsgefüge ohne gleiche Augenhöhe nicht wohl. Hier braucht es Ehrlichkeit, manchmal auch professionelle Unterstützung.

Dasselbe kann sich natürlich auch andersrum abspielen. Vielsagend ist es auch, wenn die Partner sich nur noch »Mutti und Vati« oder »Omi und Opa« nennen.

Es ist schade, die Chance auf eine neue Zeit in der Partnerschaft so zu verschenken. Wie schön ist es für die ganze Familie, zu erleben, wenn die Eltern und Großeltern jeden gemeinsamen Tag dankbar, humorvoll und zärtlich, Hand in Hand genießen können.

STÄRKUNGSJOKER: MACHEN SIE ETWAS BESONDERES

Zur Kräftigung des Lebensgefühls: Nehmen Sie sich einen halben Tag pro Woche, an dem Sie Ihren Lebenspol, Ihr inneres Kind stärken, indem Sie etwas unternehmen, das Sie sich in Ihrem früheren Alltag nie geleistet haben. Sie werden bald eine Positivität, Frische und Stärkung bis ins Körperliche hinein spüren.

Aus einem neuen Blickwinkel

Der 70. Geburtstag wird häufig groß gefeiert. Gerne stehen wir im Mittelpunkt unserer Familie und können das Geschehen gleichzeitig mit viel Abstand genießen. Für unsere Kinder und Enkel ist es wunderbar zu erleben, dass Altern nicht automatisch Stehenbleiben heißt, sondern im Gegenteil nochmals ganz neue Impulse möglich sind. Wir dürfen jetzt »Nein« sagen, ohne ein schlechtes Gewissen haben zu müssen. Wir können übernehmen, was uns Spaß macht und wozu die Kraft reicht.

Obwohl unsere Sinne nachlassen, beginnen wir gerade jetzt, mit großem Staunen die Natur, die Tiere und die Pflanzen zu beobachten, die wir früher übersehen haben. So erweitert sich unser Horizont für die kleinen Dinge des Lebens.

Unser Blickwinkel darf sich nochmal ganz neu ausrichten, weg vom allzu Irdischen, Materiellen hin zu einem menschlichen und zukunftsgerichteten Blick auf die Welt.

Aus dem Leben: *Ein Unternehmer erzählt: Ich möchte jetzt aus mir heraus eine Persönlichkeit sein. Ich möchte mich nicht mehr auf ein Podest stellen mit etwas, was nicht zu mir gehört, um wer zu sein. Manche Dinge lass ich jetzt auch einfach auslaufen, wie eine Welle am Strand. Meine plötzliche Erkrankung war wie eine Initialzündung mit* *einem völlig neuen Blickwinkel auf mich selbst. Ich bin froh, dass ich in meinem Alter offen sein kann und nachfragen kann. Ich habe das deutliche Gefühl, dass es in eine völlig neue Richtung weitergehen wird.*

Die Zeit von 70 bis 77 steht in einem inneren Zusammenhang mit der Schulzeit von 7 bis 14. So ist es nicht verwunderlich, wenn die Erinnerungen aus dieser Zeit präsent werden.

4. Mondknoten: Heimkehr zu uns selbst

Mit 74 erleben wir den 4. Mondknoten. Wir haben den ersten Mondknoten mit 18 als Aufbruch, den zweiten mit 37 Jahren als Umbruch, den dritten mit 56 Jahren als Durchbruch zu uns beschrieben. Den 4. Mondknoten können wir Heimkehr zu uns selbst nennen. Wir können jetzt einkehren in das zeitlose Zentrum unseres Ich. In solchen Momenten erleben wir den Frieden gegenwärtiger Ewigkeit und fühlen einen tiefen Einklang mit unserem Leben.

Im großen Weltgeschehen konnte Nelson Mandela im stattlichen Alter von 76 Jahren die historische Aufgabe als erster Präsident der neuen Demokratie Südafrika übernehmen. Man merkte seiner ganzen Haltung an, dass er durch die lange Zeit des Kampfes und der Gefangenschaft seinen Charakter von allem Persönlichen geläutert hatte. In seiner aufrechten Haltung strahlte er Würde, Integrität, Weisheit und Liebe aus. Er überzeugte als ein Führer, der sich in einer historischen Situation ganz als Diener seiner Aufgabe, nämlich die Apartheid in seinem Land zu überwinden, verstand.

Altwerden hat verschiedene Aspekte

Altwerden beginnt für manche Menschen mit 70, für andere erst mit neunzig. Ich habe Alte erlebt, die bis zum 90. Geburtstag ihre geistige Präsenz und gleichzeitig auch ihr Alltagsbewusstsein aufrechterhalten konnten.

Von den alten buddhistischen Meistern können wir Folgendes lernen: Sobald einer in einer Sache Meister geworden ist, sollte er in einer neuen Sache Schüler werden. Ich frage mich, ob man mit dieser Lebenshaltung, die immer wieder bereit ist, anzufangen, Neues zu lernen und zu üben, konkret gegen manche Alterserkrankung vorbeugen könnte.

Tipp: Nutzen Sie die freien Tage des Sommers, um etwas ganz Neues zu lernen. Ihren Kindern machen Sie eine Freude, wenn Sie einmal der Lernende und Ihr Kind der Lehrer sein darf. So lernte ich jonglieren mit Strandsteinen, den Hula-Hoop-Reifen schwingen, freihändig Fahrrad fahren und surfen auf Anfängerniveau. – All das und noch viel mehr macht natürlich auch Spaß, wenn Sie keine Kinder haben.

In manchen Lebensläufen, die in eine Demenz führen, kann man den biografischen Zusammenhang ahnen zwischen einem plötzlichem Ereignis oder einer schleichenden Auseinandersetzung, die von dem Betroffenen psychisch nicht verkraftet werden konnten, und dem Anfang der Erkrankung.

So begann bei dem großen Philosophen Walter Jens die demenzielle Entwicklung mit der Aufdeckung seiner nationalsozialistischen Vergangenheit als Schüler und Student durch die Medien. Von außen könnte man meinen, es hätte für Walter Jens kein Problem sein brauchen, diese Tatsache in sein Leben zu integrieren. Für ihn war sie innerlich aber wohl nicht mit dem Selbstbild, das er von sich hatte, zu verbinden und so begann im Unterbewusstsein die Flucht in den inneren Rückzug.

Irgendwann gehen wir vom Alter einen Schritt weiter ins Greisenalter. Es gibt alte Menschen, die die beschriebene Neuorientierung nicht mehr für sich vollziehen können. Sie haben unter ihren täglichen Gebrechen und ihren Schmerzen zu leiden. Viele fühlen sich einsam und verlassen und leben mit dem Gefühl, wie aus der

Zeit herausgefallen zu sein. Viele warten auf den Tod, weil alle Lieben schon gestorben sind. Es wird eine Herausforderung für unsere Gesellschaft in den nächsten Jahrzehnten sein, für die vielen Formen des Altwerdens, die so mannigfaltig und unterschiedlich sind wie noch nie zuvor, verschiedene, jeweils passende, menschengemäße Einrichtungen zu entwickeln.

An der Schwelle des Todes

Seine Erfüllung findet unser Leben an seinem Ende mit dem Tod. Dann ist es als Lebenskunstwerk abgerundet. Betrachten wir die Biografie von verstorbenen Persönlichkeiten, können wir ahnen, an welcher Stelle des Lebens der Schwung nach vorne durch ein plötzliches Ereignis oder schleichend versiegt. So geben das Geburts- und Todeshoroskop den Blick frei für eine Zusammenschau des Lebens. Die Geburt gleicht einem großen Einatmen wie der Tod einem großen Ausatmen. Jeden Morgen beim Aufwachen und jeden Abend beim Einschlafen können wir dieses große Geschehen im Kleinen nachvollziehen.

Wir leben in einer Zeit, in der wir es gewohnt sind, über unser Leben selbst zu bestimmen. Dies versuchen wir mit allen zur Verfügung stehenden Mitteln auch an den beiden großen Schwellen des Lebens: Geburt und Tod. Viele von uns haben weniger Angst vor dem Tod als vor dem Prozess des Sterbens. Es liegt heute in unserer Verantwortung, uns in eigener Weise auf das Ende vorzubereiten. Gleichzeitig sollten wir immer damit rechnen, dass dann doch alles anders kommen kann.

Sind wir materialistisch eingestellt und betrachten den Tod als den Endpunkt des Lebens, so ist es verständlich, dass wir alles versuchen werden, um ihn hinauszuzögern und so lange wie möglich zu ignorieren. Wir wollen dann an allem Irdischen festhalten. Es ist im Alter eine große Kraft der Selbsterkenntnis notwendig, um ehrlich mit sich und dem restlichen Leben umzugehen.

Wichtig wird es sein, dass wir zumindest einen Vertrauten haben, der den Mut hat, uns ehrlich zu sagen, wie wir wirken. Der uns darauf aufmerksam macht, dass wir vielleicht ein Hörgerät brauchen oder dass es gefährlich wird für unsere Umgebung, wenn wir weiterhin selbst Auto fahren.

Solche Ratschläge anzunehmen, braucht dann unsererseits Mut: Wir müssen dazu stehen, dass wir erst manches, dann immer mehr nicht mehr vermögen. Diese kleineren und größeren Abschiede können wir unser ganzes Leben vorbereitend üben. Lassen wir uns darauf ein, im Abschied einen Neubeginn zu erkennen? Öffnen wir uns für die Verwandlung der Kräfte?

Aus dem Leben: *Vor zwei Wochen berichtete Silke, dass ihre Sehbeeinträchtigung im Dunkeln durch den grünen Star so ausgeprägt ist, dass sie sich dazu entschlossen hat, nicht mehr abends zum Orchester zu fahren. Heute erzählt sie mir von einem neuen Projekt mit den Kindern, die sie an verschiedenen Instrumenten unterrichtet: Sie hat mit den Kindern kleine Kammerorchester gegründet. Dieses neue Projekt bringt ihr und den Schülern viel Spaß und Erfüllung. An dieser kleinen Geschichte können wir erleben, dass jede Tür, die sich schließt, eine andere öffnen kann, sofern wir bereit dafür sind. Als ich sie auf den Zusammenhang aufmerksam mache, kann sie dies nur strahlend bestätigen.*

Dann können wir sehen, dass auch die schmerzlichen Abschiede des Alterns das Freiwerden von Kräften ins Geistige bewirken. An manchen alten Menschen können wir dies augenfällig erleben. In einer spirituellen Auffassung des Lebens bedeutet der Tod »nur« einen großen Schritt in eine neue, andere Welt.

Es gibt Menschen, die berichten von ihren Nahtoderlebnissen, dass der Tod für sie wie ein helles, großes, freudiges Fest erschien.

Schon diese Aussicht hat etwas Tröstliches. Biografiearbeit kann nicht nur das Leben von der Kindheit an durchleuchten und den roten Faden sichtbar machen, sondern das Lebensende zusätzlich in ein anderes Licht setzen: Die alten Menschen, mit denen ich biografisch gearbeitet habe, hatten am Ende einen zustimmenden, bejahenden und sinnerfüllten Blick auf ihr gelebtes Leben und konnten damit auch gefasster und freier nach vorne schauen.

NACHWORT

Auch das Schreiben dieses Buches hat mich nicht schützen können vor dem Auf und Ab des echten Lebens. Wenn Anspruch und Wirklichkeit weit auseinanderklaffen, ist für mich die Biografiearbeit eine Möglichkeit, in Zuversicht und Gelassenheit den Glauben an den Sinn von allem immer wieder zu erlangen.
»Wir sollen heiter Raum um Raum durchschreiten, an keinem wie an einer Heimat hängen ...« Warum berühren uns die Zeilen von Hermann Hesse im Herzen?
In jedem von uns, auch in mir, lebt ein romantischer, sentimentaler Anteil, der das Leben festhalten möchte, so wie es war, als es am schönsten war. Doch der stetige Wandel ist ein Teil des Lebens. Auf diese so wichtige Erfahrung konnte ich dankbar in schwierigen Zeiten zurückgreifen: Gerade nach den dunkelsten Tälern warten wieder lichte Hochebenen auf uns. Wenn wir unser Leben und seinen Wandel annehmen, können auch wir sie zunehmend spüren – diese tiefe lebensbejahende Heiterkeit.

Der Fluss des Lebens möchte, dass wir immer wieder loslassen und weitersegeln und neugierig bleiben auf den Ausblick nach der nächsten Wende!

Viel Glück und guten Wind bei Ihrem großen Abenteuer: Leben Sie Ihr eigenes Leben!

BÜCHER UND ADRESSEN, DIE WEITERHELFEN

Zitate:

Die Zitate von Dr. Bernard Lievegoed stammen alle aus dem sehr lesenswerten Buch: *»Lebenskrisen Lebenschancen – Die Entwicklung des Menschen zwischen Kindheit und Alter«*, Kösel Verlag, 8. Aufl., München 1991. Die Zitate auf Seite 142 und 143 finden Sie im Original auf Seite 89. Die Grafik auf Seite 16 orientiert sich an Lievegoeds Darstellung auf Seite 49.

Das Gedicht von Hilde Domin: Hilde Domin, *»Nicht müde werden«*. Aus: dies., Gesammelte Gedichte. © S. Fischer Verlag GmbH, Frankfurt am Main 1987

Das Zitat von Bruno Walter auf Seite 63 stammt aus dem Buch: *»Thema und Variationen, Erinnerungen und Gedanken«* von Bruno Walter, S. Fischer Verlag Frankfurt, 1960

Das Gedicht von Bertold Brecht *»Das Lied von der Moldau«* stammt aus Bertolt Brecht, Die Gedichte, herausgegeben von Jan Knopf, Suhrkamp Verlag, 26. November 2007

Bücher:

Eine wunderbare Geschichte zum Verständnis der Jugend ist *»Die Abenteuer des starken Wanja«* von Otfried Preußler, Carlsen Verlag, 6. Auflage 2004

Anthroposophische Grundlagen zur Biografiearbeit:

Dr. Gudrun Burkhard, *»Das Leben in die Hand nehmen«*, Verlag Freies Geistesleben, Stuttgart 1992/2012 und *»Schlüsselfragen zur Biografie«*, Verlag Freies Geistesleben, 3. Auflage, Stuttgart 1999/2013

Walter Seyffer, *»Helden für ein Leben«*, Info3 Verlag, Frankfurt, 2011

Rudolf Steiner, *»Metamorphosen des Seelenlebens«*, Rudolf Steiner Verlag, Dornach/Schweiz 1997

Mathias Wais, *»Biographiearbeit«* Lebensberatung, Urachhaus Verlag, 2010

Zum Thema »inneres Kind« empfehle ich das immer noch grundlegende Buch von Erika J. Chopich und Margaret Paul, *»Aussöhnung mit dem inneren Kind«*, Ullstein Verlag, 26. Auflage 2009

Zum Thema Lebenslauf und berufliche Entwicklung:

Jos van der Brug und Kees Locher, »*Unternehmen Lebenslauf*«, Urachhaus Verlag, 2. Auflage 2003

Rudolf Steiner, »*Vom Lebenslauf des Menschen*«, Verlag Freies Geistesleben, Stuttgart, 2006

Zum Thema: Blockaden lösen mit Energetischer Psychologie:

Michael Bohne, »*Feng Shui gegen das Gerümpel im Kopf*«, rororo Verlag, 2007

»*Der wundersame Weg*« M. Scott Peck berichtet und erzählt anschaulich über eine neue Psychologie der Liebe und des spirituellen Wachstums, Goldmann Verlag, 11. Auflage, 1989

Zum Thema: Leben und Fühlen

Joachim Bauer, »*Warum ich fühle, was du fühlst*«, Heyne Verlag, München, 2006

Daniel Goleman, »*EQ. Emotionale Intelligenz*«, dtv Verlag, München, 1997

Gerald Hüther, »*Bedienungsanleitung für ein menschliches Gehirn*«, Vandenhoeck und Ruprecht, Göttingen, 2010

Joachim E. Keding, »*Von nun an geht's bergauf … – Männer in den Wechseljahren*«, Gesundheitspflege initiativ Esslingen, 2002

Henning Köhler, »*Das biographische Urphänomen*«, Gesundheitspflege initiativ, Esslingen, 1998

Lievegoed Bernard, »*Entwicklungsphasen des Kindes*«, Mellinger Verlag, Stuttgart, 8. Auflage 2013

Paola Molinari, »*Lebe statt zu funktionieren*«, GRÄFE UND UNZER VERLAG, München, 2010

Luise Reddemann, »*Eine Reise von 1.000 Meilen beginnt mit dem ersten Schritt, Seelische Kräfte entwickeln und fördern*«, Herder Verlag, Freiburg, 4. Auflage 2009

Links:

www.susannehofmeister.de

Auf meiner Website finden Sie aktuelle Informationen zu Vorträgen, Seminaren und meiner Fortbildung Biografiearbeit. Daneben können Sie sich über meine Praxis, meine Arbeitsweise und über weitere Veröffentlichungen von mir informieren.

Berufsvereinigung Biografiearbeit: **www.Biografiearbeit.de**

Hier finden Sie Adressen von Therapeuten, die mit Biografiearbeit arbeiten.

www.gerald-huether.de

Hier finden Sie viele Hinweise, wie Sie Ihr Gehirn und seine Nutzung besser verstehen können.

Filme:

Zum Thema das eigene Leitmotiv finden: *»Erin Brockovich«* von Steven Soderbergh mit Julia Roberts in der Hauptrolle. Anknüpfend an eine wahre Geschichte wird mit humorvollen Dialogen aus dem Leben einer dreifachen Mutter erzählt, die als Kanzleigehilfin einen Umweltskandal ungeahnten Ausmaßes aufdeckt. Dabei wächst sie weit über sich selbst hinaus und lernt, ihr volles Potenzial auszuschöpfen.

Zum Thema Lebensmittekrise: *»Lachsfischen im Jemen«* ist eine wunderschöne, bilderreiche Geschichte zum Thema Lebensmittekrise, unterlegt mit viel englischem Humor.

Zum Thema Führerschaft: *»Unbezwungen«* von Clint Eastwood erzählt, wie Nelson Mandela als Präsident von Südafrika in seinem Engagement für die Buren-Mannschaft der Springboks während der Rugby-Weltmeisterschaft 1995 die Rassentrennung überwinden hilft. Hier können wir Nelson Mandela als Führungspersönlichkeit erleben.

Zum Thema Wunschliste erstellen: *»Das Beste kommt zum Schluss«* ist eine amerikanische Komödie mit Jack Nicholson und Morgan Freeman in den Hauptrollen, die Ihre Fantasie für Ihre eigene Wunschliste garantiert anregen wird.

DANK

Zuerst danke ich meinen Eltern für ihre immerwährende Unterstützung; Felix, Moritz, Oliver und Adam für die Vielfalt und Fülle, mit der ihr mein Leben bereichert; Jan, deine Liebe schenkt mir den Mut, an mich und meine Visionen zu glauben; Volker und Erika für eure Begleitung des Buches mit Rat und Tat.

Außerdem danke ich Nikola Hirmer, die mir die Tür zum GU-Verlag geöffnet hat; Barbara Fellenberg vom GU-Verlag für ihre kompetente Begleitung; meiner Lektorin Ulrike Schöber für ihren klugen Sachverstand und den offenen Austausch.

Mein besonderer Dank geht an all meine Seminarteilnehmer und Klienten für ihr Vertrauen, mich an ihren Lebensgeschichten Anteil nehmen zu lassen.

Mit euch allen erst konnte dieses Buch möglich werden! Danke!

REGISTER

Projektleitung: Barbara Fellenberg
Lektorat: Ulrike Schöber, Dortmund
Satz: Christopher Hammond
Innenlayout, Typografie, Umschlaggestaltung: independent Medien-Design, Horst Moser, München
Herstellung: Renate Hutt
Reproduktion: Repro Ludwig, Zell am See
Druck und Bindung: GGP Media GmbH, Pößneck

ISBN 978-3-8338-3329-8

2. Auflage 2014

Die **GU-Homepage** finden Sie unter **www.gu.de.**

Bildnachweis: Hans Döring: Cover; Getty images: S. 82; iStockphoto: S. 8; Masterfile: S. 160; plainpicture: S. 34; shutterstock: Coverinnenklappen, S. 2–3; alle Icons: fotolia

Syndication: www.jalag-syndication.de

HINWEISE

Die Inhalte dieses Buchs wurden von der Autorin nach bestem Wissen erstellt und geprüft. Die Ratschläge sind kein Ersatz für persönlich eingeholten, fachlich kompetenten Rat. Jede Leserin, jeder Leser trägt die Verantwortung für das eigene Handeln. Weder die Autorin noch der Verlag können eine Haftung für eventuelle Nachteile oder Schäden übernehmen, die aus im Buch gegebenen Hinweisen resultieren.
Der Sprache zuliebe wird auf die sprachliche Unterscheidung zwischen männlicher und weiblicher Form verzichtet. Bei im Original deutschsprachigen Zitaten wurde gegebenenfalls der alten Rechtschreibung der Vorzug gegeben.

GRÄFE UND UNZER Verlag
Leserservice
Postfach 86 03 13
81630 München
E-Mail:
leserservice@graefe-und-unzer.de

Telefon: 00800 / 72 37 33 33*
Telefax: 00800 / 50 12 05 44*
Mo–Do: 8.00–18.00 Uhr
Fr: 8.00–16.00 Uhr
(gebührenfrei in D, A, CH)*